Marion Weerts

Die Kapitalkonsolidierung nach der Neubewertungsmethode

Salzwasser

Verlag

Marion Weerts

Die Kapitalkonsolidierung nach der Neubewertungsmethode

Handbuch Steuern, Band 27

www.salzwasserverlag.de

Weerts, Marion

Die Kapitalkonsolidierung nach der Neubewertungsmethode

Handbuch Steuern, Band 27

1. Auflage 2008 | ISBN: 978-3-86741-130-1

© CT Salzwasser-Verlag GmbH & Co. KG, Bremen, 2008.
Alle Rechte vorbehalten.

Die Deutsche Bibliothek verzeichnet diesen Titel in der
Deutschen Nationalbibliografie.
Bibliografische Daten sind unter http://dnb.ddb.de abrufbar.

Inhaltsverzeichnis

Abkürzungsverzeichnis

B.V.	Besloten Vennootschap (niederländisch für GmbH)
bzw.	beziehungsweise
CGU	cash generating unit
CHF	Schweizer Franken
EU	Europäische Union
FASB	Financial Accounting Standards Board
GmbH	Gesellschaft mit beschränkter Haftung
GuV	Gewinn- und Verlustrechnung
HGB	Handelsgesetzbuch
IFRS	International Financial Reporting Standards
IAS	International Accounting Standard
IASB	International Accounting Standards Board®
IDW	Institut der Wirtschaftsprüfer in Deutschland e.V.
i.V.m.	in Verbindung mit
Mio.	Millionen
OHG	Offene Handelsgesellschaft
PublG	Publizitätsgesetz
S.A.	société anonyme (französisch für Aktiengesellschaft)
ZGE/ZMGE	zahlungsmittelgenerierende Einheit

Abbildungsverzeichnis

Tabellenverzeichnis

1. Einleitung

Die Internationalisierung der Unternehmensaktivitäten und Märkte erfordert heute wie nie zuvor die internationale Harmonisierung der Konzernrechnungslegung. Die Adressaten eines Konzernabschlusses sind auf Grund globaler Märkte und Konzernstrukturen je nach Nationalität und nationalem Rechnungslegungssystem mit entsprechenden Bedürfnissen unterschiedlicher denn je. Vor diesem Hintergrund muss es gelingen, geforderte Informationen einheitlich zu bieten und eine Vergleichbarkeit zu ermöglichen.[1] Das Rechnungslegungssystem der International Financial Reporting Standards (IFRS) erfüllt diese Notwendigkeit insbesondere für die Konzernrechnungslegung in der Europäischen Union (EU).[2] Eine EU-Verordnung vom 19. Juli 2002 festigt diese Harmonisierung. Für Geschäftsjahre, die ab dem 1. Januar 2005 beginnen, sind börsennotierte Unternehmen mit Sitz in einem Mitgliedstaat der EU verpflichtet, einen Konzernabschluss nach den durch die EU-Kommission anerkannten International Accounting Standards (IAS) und IFRS aufzustellen. Für andere Rechtsformen und Aktiengesellschaften, die nicht kapitalmarkt-orientiert sind, besteht nach § 315a Abs.3 HGB ein Wahlrecht. Diese Unternehmen können den Konzernabschluss und -lagebericht entweder nach nationalen Standards oder nach den IFRS, wie sie in der EU anzuwenden sind, aufstellen.[3]

Für die Bilanzierung von Unternehmenszusammenschlüssen sind im Wesentlichen IFRS 3 `Business Combinations´ und IAS 27 `Consolidated and Separate Financial Statements´ zu befolgen. IAS 27 regelt die Aufstellungspflicht und den Konsolidierungskreis des Konzernabschlusses, während IFRS 3 die Vorschriften der Erwerbsmethode und die Behandlung des Goodwills zu entnehmen sind. Diese beiden Standards haben seit Juni 2001 zwei Phasen der Überarbeitung durchlaufen. Die finalen Versionen sind am 10. Januar 2008 durch das International Accounting Standards Board® (I-ASB) verabschiedet worden.[4] Diese endgültigen Standards gelten für Geschäftsjahre, die am oder nach dem 1. Juli 2009 beginnen. Eine

---

[1]   Vgl. Pellens, B. u. a. (2008): S.40ff.
[2]   Vgl. Pellens, B. u. a. (2008): S.51f.
[3]   Vgl. Küting, K. u. Weber, C.-P. (2008): S.91f.
[4]   Vgl. International Accounting Standards Board [Hrsg.] (2008): S.1. Online im Internet.

vorzeitige Anwendung ist möglich für Geschäftsjahre, die am oder nach dem 30. Juni 2007 beginnen.[5]

Zur Überarbeitung dieser Standards wurde erstmals gemeinschaftlich vom IASB und dem amerikanischen Standardsetter Financial Accounting Standards Board (FASB) ein Business Combinations Projekt durchgeführt. Als Hauptzweck des Reformprojekts definiert das IASB:

„to develop a single high quality accounting standard that would ensure that the accounting for business combinations is the same whether an entity is applying International Financial Reporting Standards (IFRSs) or US generally accepted accounting principles (GAAP)[6]."

In der Vergangenheit wurden Unternehmenszusammenschlüsse nach IAS 22 bilanziert. Mit der Business Combinations Phase I wurde IFRS 3 in Anlehnung an die neuen Regelungen für Unternehmenszusammenschlüsse nach US-GAAP entwickelt, um Unterschiede in den Normensystemen zu verringern. IFRS 3 war für alle ab dem 31. März 2004 erfolgten Zusammenschlüsse anzuwenden. Die zweite Phase des Projekts führte die Konvergenz der Rechnungslegungssysteme bei Anwendung der Erwerbsmethode unter Zusammenarbeit von IASB und FASB fort.[7] Bei dem Projekt sind nicht nur bestehende Regelungen zusammengefügt worden. US-GAAP wie IFRS sind überarbeitet und neue Vorschriften sind gemeinsam festgelegt worden.[8] Insgesamt bleibt mit dem neuen Standard die Technik der Vollkonsolidierung von Tochterunternehmen bestehen. Die Änderungen regeln jedoch die Bilanzierung von Unternehmenszusammenschlüssen völlig neu[9]. Küting spricht sogar von einer neuen Ära der konsolidierten Rechnungslegung.[10]

Mit dem Satz „Was lange währt, wird endlich gut?"[11] kommentiert Guido Fladt im Fachmagazin `Die Wirtschaftsprüfung´ die Verabschiedung der Standards. Der Bearbeitungszeitraum für die zweite Reformphase von nahezu vier Jahren ließ die Anwender lan-

---

5   Vgl. Institut der Wirtschaftsprüfer in Deutschland e.V. [Hrsg.] (2008): S.89.
6   International Accounting Standards Board [Hrsg.] (2008): S.1. Online im Internet.
7   Vgl. Schwedler, K. (2008): S.125f.
8   Vgl. Schwedler, K. (2008): S.125.
9   Vgl. Gräfer, H. u. Scheld, G. (2007): S.193.
10 Vgl. Küting, K. u. a. (2008): S.139.
11 Vgl. Fladt, G. (2008): S.1.

ge warten. Die Veröffentlichung verzögerte sich immer wieder, denn die Änderungsvorschläge der am 30. Juni 2005[12] veröffentlichten Entwürfe von IASB und FASB wurden stark diskutiert. Kritik verhinderte allerdings nicht, dass die Änderungen dennoch in der endgültigen Version aufgenommen wurden.[13] Als Kernelement beider Phasen kann die Ermittlung, Bilanzierung und Folgekonsolidierung des Firmenwertes[14] angesehen werden. Das IASB wird seine Arbeit bei Unternehmenszusammenschlüssen in 2008 mit einem Diskussionspapier zum Thema Konsolidierung fortsetzen. Darüber hinaus wird es ein Projekt zur Bilanzierung von Transaktionen unter Common Control geben. Die Anwender müssen sich somit auf weitere Änderungen einstellen.[15]

Vor der Überarbeitung des IFRS 3 gab es mehrere Möglichkeiten, die Kapitalkonsolidierung durchzuführen. Phase I des Projektes hat die Interessenzusammenführungsmethode abgeschafft. Außerdem ist die beteiligungsproportionale Neubewertungsmethode nicht mehr zulässig. Nach Phase I ist somit nur die vollständige Neubewertungsmethode vorgesehen.[16] In Phase II wird ein Wahlrecht zwischen der vollständigen Neubewertungsmethode und einer neuen Variante, der full goodwill method, verankert. Diese Alternative aktiviert neben dem Anteil der Minderheitsgesellschafter am Nettovermögen des erworbenen Unternehmens auch deren Anteil am Gesamt-Goodwill aus dem Unternehmenserwerb.[17] Neben den Änderungen der Methodik der Kapitalkonsolidierung ist mit der ersten Phase unter anderem bei der Folgekonsolidierung des Goodwills die planmäßige Abschreibung untersagt worden. Stattdessen wird ein jährlicher impairment test auf die Werthaltigkeit des ausgewiesenen Firmenwerts gefordert. Für einen eventuell negativen Unterschiedsbetrag aus der Kaufpreisallokation gilt seitdem die erfolgswirksame Verbuchung als Ertrag.[18]

---

[12] Vgl. Grünberger, D. (2008): S.362.
[13] Vgl. Fladt, G. (2008): S.1.
[14] Die Begriffe Firmenwert, Geschäftswert und Goodwill bezeichnen den gleichen Sachverhalt. In dieser Untersuchung wird der Begriff Goodwill allein verwendet.
[15] Vgl. Fladt, G. (2008): S.1.
[16] Vgl. Heuser, P. J. u. Theile, C. (2005): S.557.
[17] Vgl. Pellens, B. u. a. (2008): S.700.
[18] Vgl. Heuser, P. J. u. Theile, C. (2005): S.557.

Die vorliegende Untersuchung konzentriert sich auf die Regelungen von IFRS 3 und IAS 27 in der jeweils endgültigen Version vom Januar 2008 und erläutert die Kapitalkonsolidierung nach der Erwerbsmethode anhand der neuen Bestimmungen. In dieser Arbeit werden die Standards teils in Deutsch, teils in Englisch zitiert. Dies ergibt sich daraus, dass die aktuellen Fassungen von IFRS 3 und IAS 27 im Gegensatz zur Fassung der ersten Reformphase noch nicht in einer deutschen Übersetzung vorliegen. Weitere Standards sind dem IFRS-Portal online oder dem WileyText[19] entnommen.

Die grundlegenden Änderungen des IFRS 3 aus dem Reformprojekt werden dargestellt und einer kritischen Bewertung unterzogen, vor allem in Hinblick auf die geänderte Behandlung der Unterschiedsbeträge aus der Kapitalkonsolidierung. Dabei werden ausgewählte spezifische Probleme und Konsequenzen der neuen Ansatz- und Bewertungsregeln des Standards betrachtet. Es wird ebenso aufgezeigt, ob bilanzpolitische Spielräume weiterhin bestehen oder sogar neu geschaffen werden.[20]

---

[19] Es erfolgt keine Referenzierung der einzelnen Standards per Fußnote, da diese ausschließlich aus diesen Quellen stammen.
[20] Vgl. Pellens, B. u. a. (2008): S.712.

2. Grundlagen der Konsolidierung

2.1 Asset Deal und Share Deal

Der bisherige IFRS 3.4 definiert einen Unternehmenszusammenschluss als „die Zusammenführung von separaten Unternehmen oder Geschäftsbetrieben in ein Bericht erstattendes Unternehmen". Die neue Version verlagert nach IFRS 3.A den Fokus. Ein Zusammenschluss ist „a transaction or other event in which an acquirer obtains control of one or more businesses". Damit steht die wirtschaftliche Komponente der Kontrollerlangung stärker im Vordergrund, denn zuvor dominierte das Entstehen eines bilanzierenden Unternehmens die Definition. Mit der Änderung soll bezweckt werden, dass erst ein wirtschaftlich fundierter Zusammenschluss berücksichtigt wird und nicht die schlichte Zusammenführung der Abschlüsse bereits kontrollierter Unternehmen.[21] Problematisch ist die Einordnung eines Zusammenschlusses unter Gleichen, bei dem keine der beiden Parteien Kontrolle über die andere ausübt. IFRS 3.A bezieht diese Form jedoch per Definition in den Anwendungsbereich von IFRS 3 ein, um die Erwerbsmethode flächendeckend anwenden zu können.[22] Nach der Definition eines `business´ in IFRS 3.A als „eine integrierte Gruppe von Aktivitäten und Vermögenswerten, mit deren Hilfe eine Rendite für Investoren erwirtschaftet werden soll"[23], sind die Bestimmungen von IFRS 3 auf asset deal, merger und share deal anzuwenden.[24] Eindeutig ausgeschlossen vom Anwendungsbereich sind Joint Ventures. Nicht abschießend in IFRS 3 geregelt ist die Bilanzierung von Unternehmenszusammenschlüssen, an denen Unternehmen oder Geschäftsbetriebe unter gemeinsamer Beherrschung beteiligt sind. Wie in 1.1 angesprochen, wird es hierzu ein eigenständiges Projekt geben.[25]

Beim asset deal gehen die einzelnen Vermögenswerte und Schulden der erworbenen Einheit, meist einer Einzelunternehmung oder eines rechtlich unselbständigen Unternehmensteiles, zum Erwerbszeitpunkt mit dem beizulegenden Zeitwert auf den Erwerber

---

[21] Vgl. Schwedler, K. (2008): S.130.
[22] Vgl. Schwedler, K. (2008): S.130.
[23] Vgl. Pellens, B. u. a. (2008): S.683.
[24] Vgl. Pellens, B. u. a. (2008): S.683.
[25] Vgl. Schwedler, K. (2008): S.131f.

über.[26] Dieser Zusammenschluss erfolgt auf der Ebene des Einzelabschlusses des Erwerbers anhand der Erwerbsmethode und bedingt keine Pflicht zur Aufstellung eines Konzernabschlusses. Ein Goodwill kann sich im Einzelabschluss ergeben, wenn der Kaufpreis höher ist als der beizulegende Zeitwert des Nettovermögens des erworbenen Unternehmens.[27] Hat die erworbene Einheit zuvor eine Rechtspersönlichkeit besessen, so geht diese im Rahmen einer Verschmelzung durch Aufnahme unter.[28] Ein merger ist dadurch gekennzeichnet, dass sich zwei Kapitalgesellschaften zu einer neuen rechtlichen Einheit zusammenschließen. Verlieren beide ihre rechtliche Selbständigkeit, so handelt es sich um eine Verschmelzung durch Neugründung, bei der das Vermögen beider Unternehmen auf die neue Einheit übertragen wird.[29]

Ein aktuelles Beispiel eines mergers ist der Zusammenschluss des Tengelmann-Discounters Plus und der Netto Marken-Discount GmbH & Co. OHG der Edeka-Gruppe. Edeka beabsichtigt, die Mehrheit des Discounters Plus zu übernehmen und damit etwa 3000 Plus-Märkte zu erwerben.[30] Zum 1. Mai 2008 sollten die Discount-Töchter Plus und Netto in ein Gemeinschaftsunternehmen eingebracht werden. Dabei sollten 70% der Anteile auf Edeka und 30% auf Tengelmann entfallen.[31] Diese Vorgehensweise entspricht einer Verschmelzung durch Neugründung. Die Tochterunternehmen Plus wie auch Netto verlieren ihre Rechtspersönlichkeit und führen ihr Vermögen in dem neu gegründeten Gemeinschaftsunternehmen zusammen.[32] Momentan blockiert das Kartellamt die Bemühungen, da es den Wettbewerb im Einzelhandel durch die überragende neue Marktstellung des Gemeinschaftsunternehmens als drittgrößter Discounter gefährdet sieht.[33]

Handelt es sich um einen share deal, so erfolgt dieser im Allgemeinen durch den Kauf von mehr als 50% der Eigenkapitalanteile des Erworbenen, dessen Rechtspersönlichkeit bei diesem Vorgang

---

[26] Vgl. Pellens, B. u. a. (2008): S.680f.
[27] Vgl. Buchholz, R. (2005): S.74.
[28] Vgl. Pellens, B. u. a. (2008): S.684.
[29] Vgl. Pellens, B. u. a. (2008): S.680ff.
[30] Vgl. Seidel, H. (2007). Online im Internet.
[31] Vgl. Weber, S. (2007). Online im Internet.
[32] Vgl. Pellens, B. u. a. (2008): S.684.
[33] Vgl. Schuster, J. (2008). Online im Internet.

bestehen bleibt.[34] Damit geht in der Regel der Besitz von mehr als der Hälfte der Stimmrechte einher, was unter den Voraussetzungen des IAS 27.13 zur Beherrschungsmöglichkeit des Erworbenen führt.[35] Das entstehende Mutter-Tochter-Verhältnis bedingt nach IAS 27.9 die Konzernrechnungslegungspflicht. Besteht bereits ein Konzern, wird das Unternehmen erstmals vollkonsolidiert. Im Einzelabschluss des Erwerbers wird der Unternehmenskauf als Beteiligungszugang ausgewiesen.

Die Unternehmensentwicklung der Edeka-Gruppe bietet auch für diesen Fall ein Beispiel: Im September 2005 übernahm Edeka 100% der Aktien[36] der Netto Marken-Discount GmbH & Co. OHG (Netto) vom französischen Alleineigentümer ITM Entreprises S.A.[37] Diese Akquisition ist ein share deal, da das Eigenkapital vollständig erworben wurde und Edeka eindeutig die Möglichkeit der Beherrschung zufällt. Bei dem Erwerb bleibt die Rechtspersönlichkeit von Netto bestehen. Netto ist eine 100-prozentige Tochter der Edeka-Gruppe geworden und führt die eigenen Märkte weiter.

Die Unterscheidung zwischen asset und share deal zeigt, dass nur im Falle eines share deals die Notwendigkeit der Konzernrechnungslegung beim Erwerber besteht, wenn unter den gegebenen Voraussetzungen ein Mutter-Tochter-Verhältnis entsteht und somit eine wirtschaftliche Einheit rechtlich selbständiger Unternehmen vorliegt.[38] Die Vollkonsolidierung erfolgt ausschließlich nach der Erwerbsmethode.

Vor der Überarbeitung von IFRS 3 galt die Interessenzusammenführung ebenfalls als Unternehmenszusammenschluss. Hierbei handelte es sich um einen Zusammenschluss unter Gleichen, bei dem die Anteilseigner beider Unternehmen als gleichberechtigte Partner gemeinsam über die Vermögenswerte und Schulden sowie die Geschäftstätigkeit des neuen Unternehmens herrschten. Damit war das Schema des Erwerbers und des Erworbenen wie beim share deal bei der Interessenzusammenführung nicht anwendbar.[39] Bei

---

[34] Vgl. Pellens, B. u. a. (2008): S.683ff.
[35] Die Pflicht zur Aufstellung des Konzernabschlusses ist detailliert in Kapitel 3.1 dargestellt.
[36] Vgl. Manager-Magazin (2005a). Online im Internet.
[37] Vgl. Edeka-Gruppe (2007). Online im Internet.
[38] Vgl. Coenenberg, A. G. (2005): S.616.
[39] Vgl. Küting, K. u. Weber, C.-P. (2008): S.230.

der Konsolidierung eines solchen Konzerns war abweichend von der Erwerbsmethode die Interessenzusammenführungsmethode zulässig. Dieses Model ist nun in der ersten Reformphase vom IASB abgeschafft worden, da die beiden Methoden die Vermögens-, Finanz- und Ertragslage des Konzerns sehr unterschiedlich abbilden und folglich die Vergleichbarkeit der Bilanzen beeinträchtigen.[40] Die Interessenzusammenführungsmethode übernimmt die Vermögenswerte und Schulden der beteiligten Unternehmen zu Buchwerten in den Konzernabschluss. Da kein Erwerb stattfindet, ist eine Neubewertung nicht zulässig und der Ansatz eines Goodwills wird vermieden.[41] Nach Küting führt die Methode zu einem günstigeren Bilanzausweis und daher wurde sie vielfach aus bilanzpolitischen Gründen angewandt, obwohl der Zusammenschluss eher einem Erwerb gleich kam.[42] Nach der Reformphase ist ein Zusammenschluss unter Gleichen zwingend nach der Erwerbsmethode zu bilanzieren.

Um die Besonderheiten von Interessenzusammenführungen angemessen berücksichtigen zu können, wird die fresh start method (Neugründungsmethode) diskutiert. Nach dieser Methode schließen sich zwei Unternehmen zusammen, um ein neues Unternehmen zu gründen. Beide Gesellschaften gehen unter und leiten das neue Unternehmen gemeinsam.[43] Die Vermögenswerte und Schulden der neuen Einheit sind allerdings vollständig neu zu bewerten.[44] Fragen zur Bilanzierung des Goodwills sind nicht abschließend geklärt und die Methode ist bisher nicht in den Standards verankert.[45]

2.2 Konzeption der Erwerbsmethode

Wie in der Einführung angesprochen, hat das IASB im aktuellen IFRS 3 neue Regelungen zur Methodik der Kapitalkonsolidierung festgelegt. Um mittels der Erwerbsmethode gemäß IFRS 3.4 das erworbene Unternehmen erstmals zu konsolidieren, bedient man sich des Schemas eines asset deals, das heißt, der Fiktion des

---

[40] Vgl. Pellens, B. u. a. (2008): S.702f.
[41] Vgl. Pellens, B. u. a. (2008): S.703.
[42] Vgl. Küting, K. u. Weber, C.-P. (2008): S.231.
[43] Vgl. Küting, K. u. Weber, C.-P. (2008): S.430f.
[44] Vgl. Pellens, B. u. a. (2008): S.704.
[45] Vgl. Küting, K. u. Weber, C.-P. (2008): S.431.

Einzelerwerbs.[46] Die einzelnen Vermögenswerte und Schulden des Tochterunternehmens werden mit dem beizulegenden Zeitwert grundsätzlich in voller Höhe in den der Konzernbilanz vorgelagerten Summenabschluss übernommen.[47]

Innerhalb der Erwerbsmethode steht den Unternehmen gemäß IFRS 3.19 nun ein Wahlrecht zu, die Neubewertungsmethode oder die full goodwill method anzuwenden.[48] Der Unterschied besteht im Umfang des angesetzten Goodwills bei einem Anteilsbesitz von weniger als 100%. Minderheitsgesellschaftern wird bei der bisherigen Neubewertungsmethode je nach Anteilsquote ein Anteil am Nettovermögen des Tochterunternehmens zugewiesen.[49] Im Falle der full goodwill method wird auch der auf die Minderheiten entfallende Teil des Goodwills aufgedeckt.[50]

Das neue Wahlrecht zwischen diesen beiden Methoden ist letztlich ein Kompromiss des IASB. Das Ziel der zweiten Phase des Business Combinations Projekts war die Konvergenz zwischen US-GAAP und IFRS. Eine bessere Vergleichbarkeit hatten die Standardsetter in der ersten Phase bereits erzielt, indem die Interessenzusammenführungsmethode abgeschafft wurde.[51] Eine Fortführung dieser Zielsetzung hätte eine völlige Hinwendung zur full goodwill method bedeuten müssen, da US-GAAP weiterhin die Einheitstheorie verfolgt und somit dort der full goodwill approach verpflichtend ist.[52] Die erneute Methodenvielfalt schränkt die Vergleichbarkeit zwischen US-GAAP und IFRS sowie IFRS Abschlüssen untereinander, vor allem bezogen auf den Goodwill, wieder stark ein.[53]

Die Einführung des Wahlrechtes war jedoch von Seiten des IASB notwendig. Ohne die Beibehaltung der Möglichkeit der herkömmlichen Neubewertungsmethode hätte der neue IFRS 3 nicht die erforderliche Mehrheit zur Verabschiedung erhalten.[54]

---

46 Vgl. Heuser, P. J. u. Theile, C. (2005): S.562f.
47 Vgl. Pellens, B. u. a. (2008): S.699.
48 Vgl. Pellens, B. u. a. (2008): S.698.
49 Vgl. Pellens, B. u. a. (2008): S.699.
50 Vgl. Pellens, B. u. a. (2008): S.700.
51 Vgl. Pellens, B. u. a. (2008): S.716.
52 Vgl. Küting, K. u. a. (2008): S.139f.
53 Vgl. Pellens, B. u. a. (2008): S.716.
54 Vgl. Fladt, G. (2008): S.1.

Küting geht davon aus, dass die Unternehmen die neue full goodwill method meiden werden. Der Goodwillbilanzierung kommt bereits nach der Neubewertungsmethode erhebliche Bedeutung zu und der Wert wird sich mit der Einbeziehung der Anteile der Minderheitsgesellschafter noch erhöhen. Hinzu kommen neue umfangreichen Vorschriften zur Folgebewertung.[55]

---

[55] Vgl. Küting, K. u. a. (2008): S.151f.

3. Kapitalkonsolidierung nach der Erwerbsmethode

3.1 Verfahrensschritte der Konzernabschlusserstellung

Im Folgenden sollen die Schritte zur Erstellung eines Konzernabschlusses erläutert werden, um den Stellenwert der Kapitalkonsolidierung einordnen zu können.

1. Pflicht zur Aufstellung eines Konzernabschlusses

Eine EU-Verordnung vom 19. Juli 2002 regelt, dass für Geschäftsjahre, die ab dem 1. Januar 2005 beginnen, börsennotierte Unternehmen mit Sitz in einem Mitgliedstaat der EU verpflichtet sind, einen Konzernabschluss nach den durch die EU-Kommission anerkannten IAS und IFRS aufzustellen.[56] Ob ein Unternehmen als konzernabschlusspflichtig angesehen wird, richtet sich bis dato in Deutschland nach nationalem Recht. Gemäß § 315a Abs.1 HGB sind die Bestimmungen des § 290ff HGB und § 11 PublG Richtmaß zur Konzernrechnungslegungspflicht.[57] IAS 27.9 i.V.m IAS 27.4 definiert, dass ein Mutterunternehmen mit einem oder mehreren Tochterunternehmen grundsätzlich einen Konzernabschluss aufzustellen hat.

Ein Mutter-Tochter-Verhältnis besteht, wenn die Merkmale des Control-Konzeptes erfüllt sind. Bei diesem Konzept ist entscheidend, ob eine Beherrschungsmöglichkeit vorliegt. IAS 27.4 definiert die Beherrschung als „die Möglichkeit, die Finanz- und Geschäftspolitik eines Unternehmens zu bestimmen, um aus dessen Tätigkeit Nutzen zu ziehen." IAS 27.13 ergänzt dazu, welche Voraussetzungen eine Beherrschungsmöglichkeit begründen. Grundsätzlich muss das Mutterunternehmen direkt oder indirekt über die Mehrheit der Stimmrechte am Tochterunternehmen verfügen. Wird dargelegt, dass trotz Stimmrechtsmehrheit keine Beherrschungsmöglichkeit entstanden ist, entfällt die Aufstellungspflicht. Von einer Beherrschungsmöglichkeit wird weiterhin ausgegangen, wenn das Mutterunternehmen zwar keine Stimmrechtsmehrheit besitzt, aber dennoch die Mehrheit durch Vereinbarung mit anderen Anteilseignern erlangt, eine Vereinbarung oder Satzung die Beherrschung festlegt, Organbestellungsrechte ausüben kann oder bei Organveranstaltungen die Stimmenmehrheit stellen kann.[58]

---

56 Vgl. Küting, K. u. Weber, C.-P. (2008): S.91.
57 Vgl. Pellens, B. u. a. (2008): S.144f.
58 Vgl. Gräfer, H. u. Scheld, G. (2007): S.49f.

2. Konsolidierungskreis

Es ist notwendig, eine Abgrenzung vorzunehmen, welche Unternehmen in welchem Umfang in den Konzernabschluss einbezogen werden. IAS 27.12 legt das Weltabschlussprinzip fest. Demnach hat der Konsolidierungskreis alle in- und ausländischen Tochterunternehmen zu umfassen.[59] Diese Unternehmen werden grundsätzlich vollkonsolidiert. Eine Voraussetzung der Einbeziehung ist, dass das Tochterunternehmen nicht zu Veräußerungszwecken erworben wurde, denn dann ist eine Bilanzierung nach IFRS 5 erforderlich.

Für den Fall, dass kein Mutter-Tochter-Verhältnis und somit keine absolute Beherrschung vorliegt, besteht die Möglichkeit der Einbeziehung eines Unternehmens als assoziiertes oder Gemeinschaftsunternehmen nach der Quotenkonsolidierung oder Equity-Methode in den Konzernabschluss.[60]

Es ist festzuhalten, dass das IASB im Rahmen des Konvergenzprojekts mit dem FASB den IAS 31 zur Bilanzierung von Joint Ventures überarbeitet hat. Seit dem 13. September 2007 sind dem Exposure Draft 9 `Joint Arrangements´ die geplanten Änderungen zu entnehmen. Zentraler Ansatzpunkt ist die Abschaffung der Quotenkonsolidierung.[61]

3. Vereinheitlichung

Zur Aufnahme der Einzelabschlüsse in den Konzernabschluss ist es gemäß IAS 27.24 erforderlich, dass für ähnliche Geschäftsvorfälle und andere Ereignisse unter vergleichbaren Umständen einheitliche Bilanzierungs- und Bewertungsmethoden befolgt werden.[62] Würden bestimmte Geschäftsvorfälle in den Einzelabschlüssen unterschiedlich behandelt, käme es im Konzernabschluss zu verzerrten Informationen. Ein geeignetes Instrument für die Anpassung eines Einzelabschlusses an konzerneinheitliche Rechnungslegung beim Tochterunternehmen ist die Überleitung in einen IAS/IFRS Abschluss II nach der Methodik der Handelsbilanz II im Handelsrecht.[63]

---

[59] Vgl. Pellens, B. u. a. (2008): S.145.
[60] Vgl. Pellens, B. u. a. (2008): S.146.
[61] Vgl. Pellens, B. u. a. (2008): S.765.
[62] Vgl. Pellens, B. u. a. (2008): S. 688f.
[63] Vgl. Gräfer, H. u. Scheld, G. (2007): S.107f.

Darüber hinaus sind sämtliche einzubeziehenden Einzelabschlüsse gemäß IAS 27.22 zu einem gleichen Abschlussstichtag zu erstellen.[64] Der Abschlussstichtag des Mutterunternehmens gibt den Konzernabschlussstichtag vor. Hat eine Konzerngesellschaft einen abweichenden Stichtag, muss ein Zwischenabschluss erstellt werden. Liegt der zeitliche Unterschied der Stichtage bei weniger als drei Monaten, kann von einem Zwischenabschluss abgesehen werden, wenn die Aufstellung unwirtschaftlich ist. Dann ist der Einzelabschluss gemäß IAS 27.23 zumindest um wesentliche Geschäftsvorfälle, die zwischen den Stichtagen eingetreten sind, zu korrigieren. Andernfalls ist der Zwischenabschluss Pflicht.[65]

Im Zuge der Vereinheitlichung ist bei ausländischen Tochterunternehmen eine Währungsumrechnung in die Konzernwährung nötig, falls der Einzelabschluss in einer anderen als der Konzernwährung aufgestellt wurde.[66]

4. Summenabschluss

Mit der Erstellung des Summenabschlusses gemäß IAS 27.18 werden erstmalig die separaten Einzelabschlüsse der zu konsolidierenden Konzerngesellschaften zusammengefügt. Dies erfolgt durch eine horizontale Addition aller gleichartigen Positionen von Bilanz und GuV der zuvor vereinheitlichten Einzelabschlüsse. Der Summenabschluss bildet die Grundlage für die Konsolidierungsmaßnahmen.[67]

5. Konsolidierungsmaßnahmen

Die Konsolidierungsmaßnahmen sind letztlich der Kern der Konzernabschlusserstellung. Der zuvor beschriebene Summenabschluss trägt nicht der Tatsache Rechnung, dass innerhalb eines Konzernabschlusses bilanzielle Auswirkungen interner Beziehungen zwischen den einzelnen Gesellschaften eliminiert werden müssen, wenn man die Fiktion der rechtlichen Einheit des Konzerns zugrunde legt.[68] Somit bestehen Konsolidierungsmaßnahmen in verschiedenen Bereichen. IAS 27.20 regelt: „Konzerninterne Salden, Transaktionen, Gewinne und Aufwendungen sind in voller Höhe zu

---

[64] Vgl. Pellens, B. u. a. (2008): S. 688f.
[65] Vgl. Gräfer, H. u. Scheld, G. (2007): S.110f.
[66] Vgl. Pellens, B. u. a. (2008): S. 688.
[67] Vgl. Pellens, B. u. a. (2008): S. 688.
[68] Vgl. Pellens, B. u. a. (2008): S. 688f.

eliminieren." Diese Regelung ist knapp formuliert. Die Konsolidierungsmaßnahmen lassen sich wie folgt kategorisieren:

Die wichtigste Maßnahme betrifft das Eigenkapital. Es gilt, Kapitalstrukturen mit Eigenkapitalcharakter innerhalb des Konzerns zu entfernen.[69] Bei der Kapitalkonsolidierung wird deshalb der Beteiligungsbuchwert des jeweiligen Mutterunternehmens mit dem entsprechenden Eigenkapital des Tochterunternehmens aufgerechnet und somit aus der Konzernbilanz eliminiert.[70] Die Schuldenkonsolidierung verrechnet die Forderungen und Verbindlichkeiten zwischen den einbezogenen Konzernunternehmen, denn der Konzern als wirtschaftliche Einheit kann keine Forderungen und Verbindlichkeiten gegen sich selbst haben.[71] Wenn Konzerngesellschaften interne Umsätze aus Lieferungen und Leistungen erwirtschaften und die Vermögenswerte am Abschlussstichtag noch im Konzern vorhanden sind, werden diese unrealisierten Gewinne in der Zwischenerfolgseliminierung entfernt. Dabei werden Bilanz- und GuV-Positionen angesprochen.[72] In der Konzern-GuV müssen als letzte Maßnahme alle konzerninternen Aufwendungen und Erträge aufgerechnet werden.[73]

---

[69] Vgl. Küting, K. u. Weber, C.-P. (2008): S.289.
[70] Vgl. Coenenberg, A. G. (2005): S.615.
[71] Vgl. Coenenberg, A. G. (2005): S.615.
[72] Vgl. Gräfer, H. u. Scheld, G. (2007): S.8.
[73] Vgl. Gräfer, H. u. Scheld, G. (2007): S.8.

Abbildung 1 stellt die möglichen Beziehungen zwischen Konzerngesellschaften dar und zeigt die entsprechenden Konsolidierungsmaßnahmen im Überblick.

Konzernverflechtungen und resultierende Konsolidierungsmaßnahmen

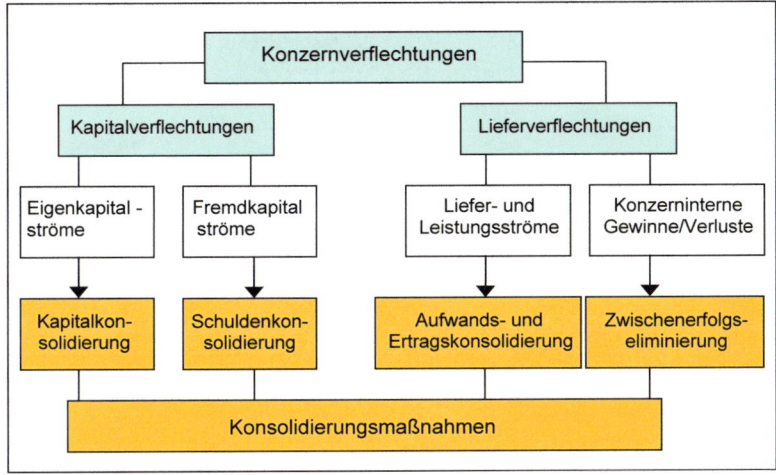

Abb. 1: nach Pellens, B. u. a. (2008): S.689.

3.2 Erstkonsolidierung

In diesem Abschnitt geht es um die Vorgehensweise der erstmaligen Einbeziehung eines Tochterunternehmens in den Konzernabschluss. Zum besseren Verständnis des Regelwerks nach IFRS 3 begleitet ein fortgeführtes eigenes Beispiel die Stationen des Erstkonsolidierungsprozesses. Zu Grunde liegt den weiteren Ausführungen der 100-prozentige Anteilserwerb des Mutterunternehmens ABC durch einen share deal am Tochterunternehmen XYZ am 31.12.2007. Das Beispiel verzichtet aus Vereinfachungsgründen auf die Bilanzierung latenter Steuern.

Die bereits auf Stichtag, Währung sowie Ansatz- und Bewertungsvorschriften vereinheitlichten Einzelbilanzen in Mio. € haben folgendes Bild:

Bilanz MU-ABC

Grund und Boden	250	Gezeichnetes Kapital	900
Maschinen	350	Rücklagen	350
Beteiligung an XYZ	600	Jahresüberschuss	100
Umlaufvermögen	700	Fremdkapital	550
	1900		**1900**

Bilanz TU-XYZ

Grund und Boden	180	Gezeichnetes Kapital	200
Maschinen	220	Rücklagen	150
Umlaufvermögen	200	Jahresüberschuss	80
		Fremdkapital	170
	600		**600**

3.2.1 Feststellung von Erwerber und Erwerbszeitpunkt

Wie in 2.1 erläutert geht die Erwerbsmethode immer vom Vorhandensein eines Erwerbers aus, selbst wenn dessen Identifizierung beispielsweise bei einem Zusammenschluss unter Gleichen schwierig ist. Der Erwerber übernimmt die Funktion des Mutterunternehmens im Konsolidierungsprozess. Die Vorschriften zur Bestimmung des Erwerbers sind im IFRS 3 in der Version der ersten Reformphase verankert.[74] IFRS 3.7 legt den Erwerber als dasjenige Unternehmen fest, welches eine Beherrschung über das andere Unternehmen erlangt. Nach IFRS 3.B14 werden darüber hinaus Unternehmen, die eine identifizierbare Zahlung vornehmen oder zur Bezahlung der Eigenkapitalanteile Schulden übernehmen als Erwerber angesehen. Ein weiteres Kriterium ist nach IFRS 3.B16 die Unternehmensgröße. Dem Unternehmen mit dem höheren Zeitwert wird die Macht zugesprochen, als Erwerber zu agieren.[75]

---

[74] Vgl. Küting, K. u. a. (2008): S.140f.
[75] Vgl. Pellens, B. u. a. (2008): S.706f.

Eine spezielle Form des share deals, der Zusammenschluss durch Anteilstausch, erfordert eine genaue Prüfung, wer als Erwerber in Erscheinung tritt. Das Mutterunternehmen begleicht den Anteilserwerb nicht mit liquiden Mitteln oder anderen Vermögenswerten, sondern gibt seinerseits eigene Aktien an das Tochterunternehmen aus. Bei dieser Vorgehensweise wird dem Unternehmen, welches eigene Aktien ausgibt, gemäß IFRS 3.B15 der Erwerberstatus zugesprochen. Allerdings ist zu überprüfen, ob dieses Unternehmen auch die Beherrschung ausübt.[76]

Der umgekehrte Unternehmenserwerb (reverse acquisition) stellt einen Spezialfall dar. IFRS 3.B19 schildert den Vorgang, dass sich ein nicht börsennotiertes Unternehmen von einer kleineren börsennotierten Gesellschaft erwerben lässt, um so kostengünstig zu einer Listung an der Börse zu gelangen. Dies entspricht dem umgekehrten Unternehmenserwerb. Im juristischen Sinne ist das börsennotierte Unternehmen, welches die Mehrheit der Kapitalanteile des nicht börsennotierten Unternehmens durch Ausgabe eigener Anteile erwirbt, das Mutterunternehmen. Das juristisch gesehen erworbene Unternehmen erhält durch den Anteilstausch seinerseits Eigenkapitalanteile des Mutterunternehmens.[77] Fällt diesem Tochterunternehmen darüber hinaus die Möglichkeit der Beherrschung zu, wird das eigentlich erworbene Unternehmen gemäß IFRS 3.B15 für Bilanzierungszwecke zum Erwerber und die börsennotierte Gesellschaft zum erworbenen Unternehmen.[78] Diese erstellt als juristisches Mutterunternehmen den Konzernabschluss.[79] Allerdings werden in umgekehrter Weise die Vermögenswerte und Schulden des eigentlichen Mutterunternehmens zu Zeitwerten aktiviert, während beim eigentlich erworbenen Unternehmen weiterhin die Buchwerte angesetzt werden.[80]

Diese Vorgehensweise berücksichtigt neben dem juristischen das wirtschaftliche Kriterium der Nutzenziehung aus dem Unternehmenszusammenschluss.[81] Der wirtschaftliche Nutzen fällt hier dem Unternehmen zu, das den Zugang zur Börse anstrebt.

---

76 Vgl. Pellens, B. u. a. (2008): S.707.
77 Vgl. Heuser, P. J. u. Theile, C. (2005): S.559.
78 Vgl. Pellens, B. u. a. (2008): S.707.
79 Vgl. Grünberger, D. (2008): S.351f.
80 Vgl. Pellens, B. u. a. (2008): S.707.
81 Vgl. Heuser, P. J. u. Theile, C. (2005): S.559.

Wird ein neues Unternehmen gegründet, wobei es durch Ausgabe eigener Anteile die Anteile an zwei sich zusammenschließenden Unternehmen erwirbt, muss einem dieser zuvor existenten Unternehmen der Erwerberstatus zugesprochen werden.[82] Dies erfolgt nach den weiter oben beschriebenen Kriterien.

Neben der Feststellung des Erwerbers muss der Erwerbszeitpunkt genau bestimmt werden, da er maßgeblich ist für die Ermittlung der beizulegenden Zeitwerte der Vermögenswerte und Schulden des Tochterunternehmens im Zuge der Erstkonsolidierung. Die beizulegenden Zeitwerte können an verschiedenen Daten stark variieren und machen die Bilanzierung damit beeinflussbar. Deshalb gilt gemäß IFRS 3.8 als Erwerbszeitpunkt der Tag, an dem der Erwerber die Beherrschung über das erworbene Unternehmen erlangt. Dies erfolgt nach IFRS 3.9 im Allgemeinen, wenn die Gegenleistung erfolgt und somit die Vermögenswerte und Schulden des erworbenen Unternehmens übernommen werden. Die Beherrschung kann auch im Vorfeld auf den Erwerber übergehen, wenn dies vertraglich vorgesehen ist. Dann rückt der Erwerbszeitpunkt vor den Zahlungstermin.[83]

Der Erwerbszeitpunkt ist außerdem entscheidend für die Abgrenzung der Gewinne. Die zuvor erwirtschafteten Gewinne des Tochterunternehmens sind Bestandteil des erworbenen Nettovermögens bei der Erstkonsolidierung. Die ab dem Erwerbsdatum erwirtschafteten Ergebnisse werden in der Konzern-GuV abgebildet.[84]

3.2.2 Ansatz und Neubewertung des erworbenen Nettovermögens

Bevor Problemgebiete der Kapitalkonsolidierung im Detail erörtert werden, ist es notwendig, einen Überblick über die wesentlichen Schritte der Erstkonsolidierung zu erhalten. Ein Schwerpunkt vor Durchführung der eigentlichen Konsolidierung ist die Bewertung der Aktiva und Passiva der Einzelbilanzen aller in den Konzernabschluss einzubeziehenden Tochterunternehmen zu Anschaffungswerten.

Die Erwerbsmethode bestimmt gemäß IFRS 3.10 im Zuge der Einzelerwerbsfiktion, dass die identifizierbaren Vermögenswerte

---

[82] Vgl. Pellens, B. u. a. (2008): S.708.
[83] Vgl. Pellens, B. u. a. (2008): S.709.
[84] Vgl. Lüdenbach, N. (2005): S.331.

und Schulden des Tochterunternehmens sowie eventuelle Minderheitenanteile getrennt vom Goodwill einzeln anzusetzen sind. Der neue IFRS 3 fordert in den Paragrafen 11 und 12, dass die angesetzten Vermögenswerte und Schulden den Definitionen von Vermögenswerten und Schulden des Rahmenkonzeptes des IASB entsprechen und Teil des eigentlichen Unternehmenszusammenschlusses sind.[85] Als Beispiel einer außerhalb des Zusammenschlusses liegenden Transaktion gelten Vorgänge, die aus vor dem Zusammenschluss bestehenden Geschäftsbeziehungen zwischen den beteiligten Unternehmen stammen.[86]

Eine Bewertung der Vermögenswerte und Schulden zum beizulegenden Zeitwert (fair value) im Erwerbszeitpunkt ist durch IFRS 3.18 zwingend vorgeschrieben. Der beizulegende Zeitwert gilt nach IFRS 3.A als

„der Betrag, zu dem zwischen sachverständigen, vertragswilligen und voneinander unabhängigen Geschäftspartnern unter marktüblichen Bedingungen ein Vermögenswert getauscht oder eine Schuld beglichen wird".

Im Rahmen der Neubewertung werden die Buchwerte des vereinheitlichten IAS/ IFRS Abschlusses II[87] durch die Anschaffungskosten zu Zeitwerten aus Konzernsicht ersetzt.[88] „Die Differenz zwischen höherem/niedrigerem Tagesbeschaffungswert und niedrigerem/höherem Buchwert"[89] wird bei Vermögenswerten als stille Reserve[90] bzw. als stille Last definiert. Zu beachten ist, dass sich stille Reserven bei Schulden ergeben, wenn der Zeitwert niedriger ist als der Buchwert. Entsprechend führt bei Schuldpositionen ein höherer Zeit- als Buchwert zu stillen Lasten.[91] Nach diesem Schema erfolgt mit der Neubewertung die vollständige Aufdeckung der stillen Reserven und Lasten ohne Anschaffungskostenrestriktion.[92] Dies bedeutet, dass die Anschaffungskosten der Beteiligung keine Obergrenze für die Aufdeckung darstellen. Als Folge kann sich ein nega-

---

85 Vgl. Pellens, B. u. a. (2008): S.709.
86 Vgl. Schwedler, K. (2008): S.132.
87 Vgl. Gräfer, H. u. Scheld, G. (2007): S.108.
88 Vgl. Küting, K. u. Weber, C.-P. (2008): S.232f.
89 Vgl. Küting, K. u. Weber, C.-P. (2008): S.233.
90 In der Literatur gilt neben der Bezeichnung Reserve auch Rücklage.
91 Vgl. Pellens, B. u. a. (2008): S.692.
92 Vgl. Küting, K. u. Weber, C.-P. (2008): S.241.

tiver Unterschiedsbetrag ergeben oder ein bereits bestehender erhöht werden.[93]

Zusätzlich ermöglicht der Erwerb des Tochterunternehmens den erstmaligen Ansatz verschiedener Vermögenswerte in der Konzernbilanz, für die in der Einzelbilanz des Tochterunternehmens ein Aktivierungsgebot galt.[94] Dazu führt IFRS 3.13 an:

„The acquirer recognises the acquired identifiable intangible assets, such as a brand name, a patent or a customer relationship, that the acquiree did not recognise as assets in its financial statements because it developed them internally and charged the related costs to expense."

Der Ansatz von Eventualschulden (contingent liabilities) des erworbenen Unternehmens ist ein viel diskutiertes Thema der Reformphasen des IFRS 3, das abschließend erst in einem separaten Projekt behandelt wird. Die folgenden Ausführungen werden schnell überholt sein.[95] In Paragraf 10 des IAS 37 `Rückstellungen, Eventualschulden und Eventualforderungen´ sowie in IFRS 3.22 wird die Eventualschuld definiert. Diese ist entweder eine mögliche Verpflichtung, die in der Vergangenheit entstanden ist und deren Existenz nicht abschießend feststeht oder eine gegenwärtige Verpflichtung, die in der Vergangenheit entstanden ist und bei der ein Abfluss von Ressourcen zur Erfüllung unwahrscheinlich ist bzw. die Höhe nicht abschließend bestimmbar ist. Bei der ersten Möglichkeit ist eine Garantieverpflichtung eines Unternehmens denkbar, die beim Verkauf einer Sache eingegangen wurde, bei der aber der Eintritt ungewiss ist. Bei der zweiten Möglichkeit kann es sich um einen laufenden Prozess gegen das Unternehmen handeln, der wahrscheinlich verloren wird. Die Höhe der zu zahlenden Verpflichtung ist dabei ungewiss.[96]

Aufgrund dieser Merkmale untersagt IAS 37.27 den Ansatz von Eventualschulden. Im Gegensatz dazu sind übernommene Eventualschulden in der neuen Fassung des IFRS 3 eine Ausnahme von den allgemeinen Ansatzregeln. Eine Passivierung ist gemäß IFRS 3.23 zwingend, wenn die Position eine gegenwärtige Verpflichtung darstellt, die aus einem vergangenen Ereignis resultiert, und wenn

---

93 Vgl. Küting, K. u. Weber, C.-P. (2008): S.304.
94 Vgl. Küting, K. u. Weber, C.-P. (2008): S.289.
95 Vgl. Schwedler, K. (2008): S.133f.
96 Vgl. Pellens, B. u. a. (2008): S.420.

der beizulegende Zeitwert zuverlässig zu bestimmen ist.[97] Der beizulegende Zeitwert ergibt sich aus dem Wert, „den ein unabhängiger Dritter für die Übernahme dieser Eventualschuld verlangen würde"[98]. Der Ansatz ist vertretbar, da diese Position die Definition von Schulden des Rahmenkonzepts erfüllt und ein Nutzenabfluss nicht gefordert wird.[99] Der Ansatz ist zudem sinnvoll, da die Eventualschulden einen mindernden Einfluss auf den Kaufpreis des Tochterunternehmens haben können. Der separate Ansatz mindert somit die Höhe eines möglichen negativen Unterschiedsbetrages.[100] Für Eventualforderungen gilt nach IAS 37 und IFRS 3 ein Ansatzverbot. Somit ergibt sich eine asymmetrische Behandlung von Eventualschulden und -forderungen.[101]

Gleichzeitig zur Aktivierung der neu bewerteten Vermögenswerte und Schulden im IAS/IFRS Abschluss III des Tochterunternehmens ist auf der Passivseite im Eigenkapital eine Neubewertungsrücklage zu bilden. Diese „dient [...] der erfolgsneutralen Erfassung von Neubewertungen oder Anpassungen von Vermögenswerten und Schulden"[102]. Somit ist das Eigenkapital ebenfalls neu bewertet worden und die Korrekturen im Soll und im Haben stimmen wertmäßig überein. Das komplette durch diese Neubewertung erhöhte Eigenkapital ist Gegenstand der folgenden Kapitalkonsolidierung.[103]

Die Neubewertung für das obige Beispiel deckt folgende stille Reserven auf: 60 Mio. € bei Grund und Boden, 70 Mio. € bei Maschinen und 10 Mio. € im Umlaufvermögen bei den Waren. Aus der Summe der aufgedeckten Reserven ergibt sich die Neubewertungsrücklage. Es kommt zum neu bewerteten IFRS Abschluss III des Tochterunternehmens XYZ:

---

97 Vgl. Pellens, B. u. a. (2008): S.711.
98 Vgl. Qin, S. (2005): S.39.
99 Vgl. Schwedler, K. (2008): S.134.
100 Vgl. Coenenberg, A. G. (2005): S.654.
101 Vgl. Pellens, B. u. a. (2008): S.711.
102 Vgl. Gräfer, H. u. Scheld, G. (2007): S.194.
103 Vgl. Küting, K. u. Weber, C.-P. (2008): S.246.

Bilanz TU-XYZ [neu]			
Grund und Boden	240	Gezeichnetes Kapital	200
Maschinen	290	Rücklagen	290
Umlaufvermögen	210	Jahresüberschuss	80
		Fremdkapital	170
	740		740

3.2.3 Anschaffungskosten der Beteiligung

Der Beteiligungsbuchwert des Mutterunternehmens am einzubeziehenden Tochterunternehmen ist eine zentrale Größe innerhalb
der Kapitalkonsolidierung. Neben der Neubewertung der erworbenen Vermögenswerte und Schulden zum beizulegenden Zeitwert im
Erwerbszeitpunkt müssen ebenfalls die Anschaffungskosten der Beteiligung ermittelt werden.[104] Die Verteilung des Beteiligungswertes
im Rahmen der Kaufpreisallokation auf die Vermögenswerte und
Schulden des Tochterunternehmens sowie auf einen möglichen
Goodwill wird in Abschnitt 3.2.4 deutlich.

Die Anschaffungskosten der Beteiligung sind im Erwerbszeitpunkt grundsätzlich mit den beizulegenden Zeitwerten der hingegebenen Gegenleistung zu ermitteln. Dabei ist der Anschaffungspreis nach der zweiten Phase des Business Combinations Projekts
gemäß IFRS 3.53 das einzige Element der Anschaffungskosten. Etwaige Nebenkosten wie Notariats- und Prüfungskosten, die durch
den Zusammenschluss entstehen, sind nicht mehr zu aktivieren,
sondern als Aufwand im Geschäftsjahr ihrer Entstehung zu erfassen.[105] Gründe dafür sind, dass dem Erwerber aus den Nebenkosten
keine Vermögenswerte erwachsen, die zu aktivieren wären, und
dass die Nebenkosten nicht zum Austausch der Unternehmen gehören.[106]

Der Anschaffungspreis „kann durch die Übertragung von Bar-
mitteln oder anderen Vermögenswerten, durch Übernahme von
Schulden, die Ausgabe von Aktien oder eine Kombination dieser
Möglichkeiten"[107] beglichen werden. Im einfachsten Fall, der Bar-

---

[104] Vgl. Pellens, B. u. a. (2008): S.713.
[105] Vgl. Pellens, B. u. a. (2008): S.713.
[106] Vgl. Schwedler, K. (2008): S.132.
[107] Vgl. Küting, K. u. Weber, C.-P. (2008): S.291.

zahlung, resultiert der Kaufpreis aus der Höhe der übertragenen liquiden Mittel. Gehören Vermögenswerte und Schulden zur Gegenleistung, sind auch diese nach der allgemeinen Maßgabe neu zu bewerten. Dabei kann aus dem neuen Wertansatz im Erwerbszeitpunkt und der bisherigen bilanziellen Erfassung eine Differenz resultieren. Je nachdem, ob der Wert aus der Neubewertung höher oder niedriger ist als der Buchwert, ergeben sich Gewinne oder Verluste. Diese sind erfolgswirksam im Gesamtergebnis zu berücksichtigen. Stehen die Vermögenswerte und Schulden der Gegenleistung weiterhin unter der Kontrolle des Konzerns, so ist eine Neubewertung untersagt.[108]

Handelt es sich bei der Gegenleistung um einen Tausch mit der Ausgabe eigener Anteile durch das Mutterunternehmen, ergibt sich der Anschaffungspreis aus dem Zeitwert der hingegebenen Eigenkapitalinstrumente. Dieser bestimmt sich nach deren Börsen- oder Marktpreis im Erwerbszeitpunkt. Es kann dazu kommen, dass der Börsenkurs kein verlässlicher Indikator für die Bestimmung des beizulegenden Zeitwertes ist. Dies ist der Fall, wenn sich der Kurs durch eine Enge des Marktes nicht frei bestimmt, da sich der überwiegende Teil des Eigenkapitalinstrumentes in festem Besitz befindet und nur der geringere Teil an der Börse gehandelt wird.[109] Der Börsenpreis kann im Verhältnis zum Wert zu niedrig sein und würde damit die Anschaffungskosten zu gering ausweisen.[110] Deshalb ist bei der Bestimmung des beizulegenden Zeitwertes der Gegenleistung ein Abweichen vom Börsenpreis notwendig. Zu bemerken ist, dass IFRS 3 keine Grenzen setzt, ab wann ein enger Markt vorliegt. Dies führt zu Ermessensspielräumen beim Erwerber.[111] Als Ersatz zur Bestimmung des beizulegenden Zeitwertes sind die Anschaffungskosten anhand des beizulegenden Zeitwertes der erworbenen Anteile des Tochterunternehmens zu ermitteln.[112]

3.2.4 Konsolidierung bei einem Anteilsbesitz von 100%

Startpunkt der Kapitalkonsolidierung ist die Aufstellung des Summenabschlusses aus den überarbeiteten IAS/IFRS Einzelab-

---

[108] Vgl. Pellens, B. u. a. (2008): S.713.
[109] Vgl. Qin, S. (2005): S.67.
[110] Vgl. Qin, S. (2005): S.68.
[111] Vgl. Qin, S. (2005): S.68.
[112] Vgl. Pellens, B. u. a. (2008): S.713.

schlüssen aller Konzerngesellschaften, die vollkonsolidiert werden, und dem Einzelabschluss des Mutterunternehmens. Mittels einer Queraddition werden die Vermögenswerte und Schulden zusammengefügt. Darunter befinden sich sowohl der Beteiligungsbuchwert des Mutterunternehmens wie auch das damit korrespondierende Eigenkapital des Tochterunternehmens. Diese Kapitalverflechtung gilt es zu eliminieren, da eine Doppelerfassung nicht mit dem Einheitsgrundsatz eines Konzernabschlusses zu vereinbaren ist.[113]

Das gesamte Eigenkapital des Tochterunternehmens wird durch dessen Vermögenswerte und Schuldenpositionen einschließlich Eventualschulden repräsentiert. Diese Positionen werden im Rahmen der Kaufpreisallokation den Anschaffungskosten der Beteiligung des Mutterunternehmens gegenübergestellt. Die Doppelerfassung in der Summenbilanz wird bei der Kapitalkonsolidierung somit beseitigt, wenn „der auf das Mutterunternehmen entfallende Wertansatz an einem in den Konzernabschluss einbezogenen Tochterunternehmen mit dem auf diese Anteile entfallenden Betrag des Eigenkapitals des Tochterunternehmens verrechnet wird"[114]. Dazu wird das Eigenkapital der Tochter vollständig, inklusive erhöhte Rücklagen durch die Aufdeckung der stillen Reserven, dem Beteiligungsbuchwert des Mutterunternehmens gegenübergestellt. Bei dieser Verrechnung ist es selten der Fall, dass der Beteiligungsbuchwert mit dem entsprechenden Wert des Eigenkapitals des Tochterunternehmens übereinstimmt. Es kommt in der Mehrheit der Fälle zu einem aktivischen Unterschiedsbetrag. Dies bedeutet, dass der Beteiligungsbuchwert höher ist als das neu bewertete Eigenkapital und dass daraus gemäß IFRS 3.32 ein Aktivposten in der Bilanz entsteht.[115] Dieser Posten wird in der Literatur als Firmenwert, Geschäftswert oder Goodwill bezeichnet. Die positive Differenz gilt automatisch als Goodwill, da bei der vollständigen Neubewertungsmethode wie auch bei der full goodwill method die stillen Reserven und Lasten bereits vor Erstellung der Summenbilanz in den Einzelbilanzen aufgedeckt wurden. Somit kann ein Restwert

[113] Vgl. Küting, K. u. Weber, C.-P. (2008): S.227ff.
[114] Vgl. Küting, K. u. Weber, C.-P. (2008): S.229.
[115] Vgl. Küting, K. u. Weber, C.-P. (2008): S.229.

nur auf den Goodwill entfallen und nicht wie bei der zuvor zulässigen Buchwertmethode auf stille Reserven und den Goodwill.[116]

Ein passivischer Unterschiedsbetrag und somit automatisch ein negativer Firmenwert entsteht, wenn der Beteiligungsbuchwert niedriger ist als der Wert des Eigenkapitals. In diesem Fall sind laut IFRS 3.36 die Ansatzvoraussetzungen und Wertansätze der Anschaffungskosten der Beteiligung und der neu bewerteten Vermögenswerte und Schulden des Tochterunternehmens nochmals zu überprüfen. Erst wenn die Überprüfung (reassessment) erneut zum negativen Goodwill führt, ist dieser Ertrag laut IFRS 3.34 erfolgswirksam in der Konzern-GuV zu berücksichtigen.[117]

Die Summenbilanz wird bei der Kapitalkonsolidierung über eine Konsolidierungsspalte fortgeführt. Im Soll werden die Eigenkapitalpositionen des Tochterunternehmens in voller Höhe zuzüglich eines möglichen Goodwills erfasst. Im Haben wird die Beteiligung des Mutterunternehmens in voller Höhe angesetzt. Somit sind die Kapitalverflechtungen eliminiert worden und durch abermalige Queraddition entsteht die Konzernbilanz.[118] Ebenso wie die Bilanzen werden auch die Gewinn- und Verlustrechnungen durch horizontale Addition zur Konzern-GuV zusammengefügt. (Die weiteren Konsolidierungsmaßnahmen, die vor Erlangung zur Konzernbilanz durchzuführen sind, seien an dieser Stelle außer Acht gelassen.)

Neben der Erstkonsolidierung nach der Neubewertungsmethode ist nach der Reformphase ebenfalls die Vorgehensweise nach der full goodwill method zu berücksichtigen. Beide Methoden gelangen zum gleichen Summenabschluss mit der vollständigen Übernahme der neubewerteten Vermögenswerte und Schulden des Tochterunternehmens und unterschieden sich nur bei der Ermittlung des verbleibenden Unterschiedsbetrags bei Vorhandensein von Minderheiten.[119]

Die full goodwill method bestimmt einen Gesamt-Goodwill, der sich aus der Differenz zwischen dem beizulegenden Zeitwert aller Anteile des erworbenen Unternehmens und dem gesamten neu bewerteten Eigenkapital ergibt.[120] Bei einem vollständigen Erwerb

---

[116] Vgl. Grünberger, D. (2008): S.355.
[117] Vgl. Gräfer, H. u. Scheld, G. (2007): S.198.
[118] Vgl. Gräfer, H. u. Scheld, G. (2007): S.140f.
[119] Vgl. Küting, K. u. Weber, C.-P. (2008): S.240 u. 257.
[120] Vgl. Küting, K. u. Weber, C.-P. (2008): S.240 u. 257.

der Anteile des Tochterunternehmens durch das Mutterunternehmen zu einem Zeitpunkt wird davon ausgegangen, dass der beizulegende Zeitwert der Anschaffungskosten dieser Anteile dem Zeitwert des Tochterunternehmens als Ganzes entspricht. Somit ergibt sich ohne Minderheitsgesellschafter am Eigenkapital des Tochterunternehmens das gleiche Ergebnis wie bei der Neubewertungsmethode.[121]

Für das obige Beispiel wird zunächst die horizontale Addition der Positionen der Einzelbilanzen vorgenommen. Die rot unterlegten Positionen werden durch diese Addition doppelt erfasst.

Summenabschluss 1:

Bilanz Aktiva	Einzelabschlüsse MU-ABC	TU-XYZ	Summenbilanz
Grund und Boden	250	240	490
Maschinen	350	290	640
Beteiligung an XYZ	600	-	600
Umlaufvermögen	700	210	910
Summe	1900	740	2640
Passiva			
Gezeichnetes Kapital	900	200	1100
Rücklagen (inkl. Neubewertungsr.)	350	290	640
Jahresüberschuss	100	80	180
Fremdkapital	550	170	720
Summe	1900	740	2640

Tab.1: eigene Darstellung und Berechnung Küting, K. u. Weber, C.-P. (2008): S.247

Das konsolidierungspflichtige Eigenkapital der Tochter in Höhe von 570 Mio. € besteht im Beispiel aus dem gezeichneten Kapital, den Rücklagen einschließlich der Neubewertungsrücklage und dem Jahresüberschuss. Bei der Verrechnung von Eigenkapital und Beteiligungsbuchwert entsteht ein Goodwill in Höhe von 30 Mio. € (600-570=30). Die Summenbilanz wird durch die folgende Buchung fortgeführt.

	S	H
Gezeichnetes Kapital	200	
Rücklagen	290	

---

[121] Vgl. Küting, K. u. Weber, C.-P. (2008): S.293.

Jahresüberschuss	80		
Goodwill	30		
an Beteiligungen		600	
	600	600	

Die Summenbilanz wird um die Konsolidierungsspalte erweitert. Am Ende schließt sich die Spalte der Konzernbilanz an. Nach der Konsolidierungsbuchung ist durch erneute horizontale Verrechnung der einzelnen Positionen der Konzernabschluss des Mutterunternehmens ABC erstellt worden.

Summenabschluss 2:

Bilanz Aktiva	Einzelabschlüsse		Summen-	Konsolidierung		Konzern-
	MU-ABC	TU-XYZ	bilanz	S	H	bilanz
Goodwill	-	-	-	30		30
Grund und Boden	250	240	490			490
Maschinen	350	290	640			640
Beteiligung an XYZ	600	-	600		600	-
Umlaufvermögen	700	210	910			910
Summe	1900	740	2640			2070
Passiva						
Gez.Kapital	900	200	1100	200		900
Rücklagen	350	290	640	290		350
Jahresüberschuss	100	80	180	80		100
Fremdkapital	550	170	720			720
Summe	1900	740	2640	600	600	2070

Tab.2: eigene Darstellung und Berechnung Küting, K. u. Weber, C.-P. (2008): S.247.

3.2.5 Abweichungen bei Vorhandensein von Minderheiten

Minderheitsgesellschafter können am Tochterunternehmen beteiligt sein, wenn der Konzern insgesamt weniger als 100% der Eigenkapitalanteile hält. IFRS 3.A und IAS 27.4 definieren den non-controlling interest entsprechend als „the equity in a subsidiary not attributable, directly or indirectly, to a parent". Der Begriff Minderheitenanteil ist durch die Reform in `Anteile nicht-kontrollierender Gesellschafter´ umbenannt worden. Der Grund liegt darin, dass Gesellschafter, die über eine Minderheitsbeteiligung verfügen, durchaus Beherrschungsmöglichkeiten über ein Unternehmen besitzen können. Im selben Sinne obliegt einem Mehrheitsgesellschafter nicht grundsätzlich die Kontrollmacht.[122] Der Posten Minderheitenanteile soll explizit solche Gesellschafter umfassen, die keinen beherrschenden Einfluss haben.

Ein Ansatz dieses Postens ist durch IFRS 3.10 vorgeschrieben. Durch die in Anlehnung an US-GAAP erfolgte stärkere Hinwendung der IFRS zur Einheitstheorie zählen die Minderheitsgesellschafter zu den Eigenkapitalgebern der wirtschaftlichen Einheit Konzern.[123] Daher wird nach IAS 27.27 dieser Anteil am Eigenkapital im Erwerbszeitpunkt wie folgt ausgewiesen:

„Non-controlling interests shall be presented in the consolidated statement of financial position within equity, separately from the equity of the owners of the parent."

An der Vorgehensweise der Erstkonsolidierung ändert sich beim Vorhandensein von Minderheitsgesellschaftern in den grundlegenden Schritten wenig. Erwerber und Erwerbszeitpunkt sind festzulegen und eine Neubewertung des Vermögens des Tochterunternehmens und der Anschaffungskosten der Beteiligung sind vorzunehmen. Durch die Aufdeckung der stillen Reserven und Lasten ergibt sich der IAS/IFRS Abschluss III. Die Posten dieser Einzelabschlüsse werden zusammen mit den übrigen in den Konzernabschluss einzubeziehenden Unternehmen in voller Höhe in der Summenbilanz erfasst. Diese ist durch die Konsolidierungsbuchungen fortzuführen.[124] In diesem Punkt setzt eine Veränderung der Technik der Konsolidierung ein.

Die Kapitalkonsolidierung teilt sich in zwei Schritte. Zunächst wird die Verrechnung des Beteiligungsbuchwertes des Mutterunternehmens vorgenommen. Dabei wird der Buchwert nur mit dem auf das Mutterunternehmen entfallenden, anteiligen neu bewerteten Eigenkapital des Tochterunternehmens nach Maßgabe der Beteiligungsquote verrechnet.[125] Ein möglicherweise entstehender Goodwill oder Negativer Unterschiedsbetrag wird wie in 3.2.4 behandelt. Der zweite Schritt der Kapitalkonsolidierung bezieht sich auf die

---

[122] Vgl. Schwedler, K. (2008): S.131.
[123] Vgl. Pellens, B. u. a. (2008): S.695.
[124] Vgl. Gräfer, H. u. Scheld, G. (2007): S.197.
[125] Vgl. Küting, K. u. Weber, C.-P. (2008): S.253ff.

Bewertung des Anteiles der Minderheiten. IFRS 3.19 beschreibt ein Wahlrecht:

„For each business combination, the acquirer shall measure any non-controlling interest in the acquiree either at fair value or at the non-controlling interest´s proportionate share of the acquiree´s identifiable net assets."

Die unterschiedliche Handhabung nach den zwei zulässigen Methoden wird in den folgenden zwei Unterpunkten dargestellt.

3.2.5.1 Ansatz der Minderheiten nach der Neubewertungsmethode

Nach der Neubewertungsmethode wird im zweiten Schritt der Kapitalkonsolidierung entsprechend der zweiten Variante in IFRS 3.19 der restliche auf die Minderheiten entfallende Anteil am neu bewerteten Nettovermögen des Tochterunternehmens über einen Passivtausch als Ausgleichsposten innerhalb des Konzerneigenkapitals ausgewiesen.[126] Der Minderheitenanteil wird somit durch Aufteilung des erworbenen Nettovermögens nach Maßgabe der Anteilsquote auf das Mutterunternehmen und auf die Minderheiten bestimmt. Dadurch ist das Eigenkapital des Tochterunternehmens vollständig eliminiert worden. Die Minderheiten partizipieren bei dieser Methode durch die Neubewertungsrücklage im Eigenkapital des Tochterunternehmens an den aufgedeckten stillen Reserven und Lasten.[127] Ein Goodwill kann nur bei einer Differenz zwischen dem Beteiligungsbuchwert des Mutterunternehmens und dem anteiligen erworbenen Eigenkapital entstehen. Die Minderheiten werden bei diesem Ansatz nicht berücksichtigt.[128]

Ausgehend vom Summenabschluss 1 aus 3.2.4 sind nun 75% des Eigenkapitals des Tochterunternehmens im Besitz der Muttergesellschaft und 25% der Anteile entfallen auf Minderheiten. Bei der Kapitalkonsolidierung ist das Eigenkapital der Tochtergesellschaft nun mit 75% gegen den Beteiligungsbuchwert aufzurechnen. Dieser hat sich entsprechend des Sachverhaltes auf 450 Mio. € verringert. Im gleichen Zug weist das Fremdkapital des Mutterunternehmens statt 550 Mio. € jetzt 400 Mio. € aus. Die zwei Schritte der Konsolidierung werden in den folgenden zwei Buchungen sichtbar:

---

[126] Vgl. Gräfer, H. u. Scheld, G. (2007): S.197f.
[127] Vgl. Küting, K. u. Weber, C.-P. (2008): S.238f.
[128] Vgl. Pellens, B. u. a. (2008): S.699.

1. Beteiligung Mutter	S	H
Gezeichnetes Kapital	150	
Rücklagen	217,5	
Jahresüberschuss	60	
Goodwill	22,5	
an Beteiligungen		450
	450	450

2. Minderheiten	S	H
Gezeichnetes Kapital	50	
Rücklagen	72,5	
Jahresüberschuss	20	
an Ausgleichsposten		142,5
	142,5	142,5

Die Summenbilanz hat bei Vorhandensein von Minderheiten nach der Neubewertungsmethode folgendes Aussehen:

Summenabschluss 3:

Bilanz Aktiva	Einzelabschlüsse MU-ABC	TU-XYZ	Summen- bilanz	Konsolidierung S	H	Konzern- bilanz
Goodwill	-	-	-	1) 22,5		22,5
Grund und Boden	250	240	490			490
Maschinen	350	290	640			640
Beteiligung an XYZ	450	-	450		1) 450	-
Umlaufvermögen	700	210	910			910
Summe	1750	740	2490			2062,5
Passiva						
Gez. Kapital	900	200	1100	1) 150; 2) 50		900
Rücklagen	350	290	640	1) 217,5; 2) 72,5		350
Jahresüberschuss	100	80	180	1) 60; 2) 20		100
Ausgleichsposten		-	-		2) 142,5	142,5
Fremdkapital	400	170	570			570
Summe	1750	740	2490	592,5	592,5	2062,5

Tab.3: eigene Darstellung und Berechnung Küting, K. u. Weber, C.-P. (2008): S.247.

3.2.5.2 Ansatz der Minderheiten nach der full goodwill method

Der neue IFRS 3 lässt neben der Neubewertungsmethode die full goodwill method zu. Unterschiede zwischen den beiden Methoden kommen nun bei der Ermittlung des Unterschiedsbetrags bei Vorhandensein von Minderheiten zum Tragen. Bei der full goodwill method wird der Minderheitenanteil entsprechend der ersten Variante aus IFRS 3.19 einer Neubewertung zum beizulegenden Zeitwert im Erwerbszeitpunkt unterzogen.[129] Wie in 3.2.4 dargelegt, wird im ersten Schritt der Gesamt-Goodwill aus der Gegenüberstellung des Zeitwertes aller Anteile des Tochterunternehmens und des gesamten neu bewerteten Eigenkapitals bestimmt. Dieser Gesamt-Goodwill ist im Folgenden auf die Mehrheits- und Minderheitsgesellschafter aufzuteilen.[130]

Die Allokation ist grundsätzlich nicht proportional nach der Beteiligungsquote vorzunehmen. Die Ursache liegt darin, dass das Mutterunternehmen oftmals für die Erlangung der Beherrschungsmöglichkeit des Tochterunternehmens, beispielsweise über eine Sperrminorität, eine Kontrollprämie gezahlt hat (IFRS 3.B45). Damit sind die Anschaffungskosten der Beteiligung im Erwerbszeitpunkt nicht repräsentativ für den gesamten Zeitwert des Tochterunternehmens.[131] In diesem Fall bestimmt sich der Zeitwert des Tochterunternehmens aus den Anschaffungskosten der Anteile des Mutterunternehmens zuzüglich des Wertes der nicht durch das Mutterunternehmen erworbenen Anteile zu Marktpreisen.[132] Liegen im Falle von GmbHs oder nicht-börsennotierten AGs keine Marktpreise vor, so ist gemäß IFRS 3.B44 auf andere Bewertungsverfahren zurück zu greifen.[133] Der Anteil des Mutterunternehmens am Gesamt-Goodwill bestimmt sich nach der bisherigen Methode als Differenz zwischen dem beizulegenden Zeitwert der Anteile und dem neu bewerteten anteiligen Eigenkapital des Tochterunternehmens. Der unterproportionale Anteil der Minderheiten am Gesamt-Goodwill ergibt sich als Restwert aus Gesamt-Goodwill und Mehrheitsanteil.[134]

Ist in den Anschaffungskosten der Anteile des Mutterunternehmens keine Kontrollprämie enthalten und haben die Minderheiten nicht von einem in IFRS 3.B45 genannten Minderheiten-Nachlass profitiert, vereinfacht sich die Verteilung des Gesamt-Goodwills, die proportional anhand der Beteiligungsquote durchgeführt wird. Der Zeitwert des Tochterunternehmens als Ganzes wird

---

[129] Vgl. Pellens, B. u. a. (2008): S.710.
[130] Vgl. Küting, K. u. Weber, C.-P. (2008): S.258.
[131] Vgl. Küting, K. u. Weber, C.-P. (2008): S.293.
[132] Vgl. Küting, K. u. Weber, C.-P. (2008): S.294.
[133] Vgl. Küting, K. u.a. (2008): S.141.
[134] Vgl. Küting, K. u. Weber, C.-P. (2008): S.258.

aus den Anschaffungskosten der Anteile des Mutterunternehmens hochgerechnet.[135] Der auf die Minderheiten entfallende Anteil am Goodwill wird dem als Aktivposten ausgewiesenen Goodwill des Mutterunternehmens zugewiesen und erhöht gleichzeitig den Ausgleichsposten für Minderheitsgesellschafter auf der Passivseite der Konzernbilanz.[136]

Die Voraussetzungen des Beispiels aus Punkt 3.2.5.1 werden übernommen. Es wird angenommen, dass die Anschaffungskosten der Beteiligung des Mutterunternehmens keine Kontrollprämie beinhalten. Somit wird aus den Anschaffungskosten in Höhe von 450 Mio. € für 75% der Anteile ein Gesamtzeitwert des Tochterunternehmens in Höhe von 600 Mio. € ermittelt. Der Gesamt-Goodwill in Höhe von 30 Mio. € entsteht als Differenz zwischen 600 Mio. € und dem Wert des neu bewerteten Eigenkapitals in Höhe von 570 Mio. €. Dem Mutterunternehmen steht ein Goodwill in Höhe von 22,5 Mio. € zu (450-(570*75%)=22,5). Der Minderheiten-Goodwill ist der Restwert aus dem Gesamt-Goodwill vermindert um den Anteil des Mutterunternehmens (30-22,5=7,5). In einer dritten Buchung erfolgt die Erhöhung des Minderheitenanteils und des Goodwills.

3. Minderheiten neu	S	H
Goodwill	7,5	
an Ausgleichsposten		7,5
	7,5	7,5

Die Summenbilanz aus 3.2.5.1 wird um die dritte Buchung ergänzt. Es ist ersichtlich, dass diese Konzernbilanz mit der Bilanz nach der Erstkonsolidierung bei einem Anteilsbesitz von 100% übereinstimmt. Lediglich die Beteiligung in Höhe von 600 Mio. € teilt sich in dieser Bilanz auf die Mehrheits- und Minderheitsgesellschafter auf.

---

[135] Vgl. Küting, K. u. Weber, C.-P. (2008): S.294.
[136] Vgl. Pellens, B. u. a. (2008): S.700.

Summenabschluss 4:

Bilanz Aktiva	Einzelabschlüsse MU-ABC	Einzelabschlüsse TU-XYZ	Summen- bilanz	Konsolidierung S	Konsolidierung H	Konzern- bilanz
Goodwill	-	-	-	1) 22,5; 3) 7,5		30
Grund und Boden	250	240	490			490
Maschinen	350	290	640			640
Beteiligung an XYZ	450	-	450		1) 450	-
Umlaufvermögen	700	210	910			910
Summe	1750	740	2490			2070
Passiva						
Gez. Kapital	900	200	1100	1) 150; 2) 50		900
Rücklagen	350	290	640	1) 217,5; 2) 72,5		350
Jahresüberschuss	100	80	180	1) 60; 2) 20		100
Ausgleichsposten	-	-	-		2) 142,5; 3) 7,5	150
Fremdkapital	400	170	570			570
Summe	1750	740	2490	600	600	2070

Tab.4: eigene Darstellung und Berechnung Küting, K. u. Weber, C.-P. (2008): S.247.

3.3 Folgekonsolidierung

In den auf die Erstkonsolidierung folgenden Geschäftsjahren wird der Konzern-abschluss mittels einer Folgekonsolidierung ebenfalls nach der Erwerbsmethode zum Konzernabschlussstichtag erstellt. Etwaige neu hinzukommende Tochterunternehmen werden wie beschrieben erstkonsolidiert. Die Folgekonsolidierung wiederholt zum einen die Kapitalkonsolidierung und führt zum anderen Anpassungsbuchungen durch. Diese sind erforderlich, um die aus der Erstkonsolidierung stammenden stillen Reserven und Lasten, erstmals aktivierten immateriellen Vermögenswerte und Eventualschulden sowie einen Goodwill fortzuführen. Besteht im Konzernkapital ein Minderheitenanteil, so ist dieser ebenfalls anzupassen.[137]

3.3.1 Kapitalkonsolidierung

Die Technik der Folgekonsolidierung ergibt sich aus den Vorgängen der Erstkonsolidierung. Zunächst sind die Grundsätze der

---

[137] Vgl. Pellens, B. u. a. (2008): S.720.

Ansatz- und Bewertungsmaßnahmen der neuen Einzelabschlüsse zum Stichtag der Folgekonsolidierung zu vereinheitlichen. In den Einzelbilanzen können nach dem Zeitpunkt der Erstkonsolidierung Geschäftsvorfälle und Transaktionen stattgefunden haben, wie eine Erhöhung des Anlagevermögens durch Kauf neuer Maschinen.[138] Die einzelnen Bilanzpositionen werden darauf wieder zur Summenbilanz und Summen-GuV zusammengefügt.

Von der berechneten Summenbilanz ausgehend wird die Konsolidierung des Kapitals unverändert wie bei der Erstkonsolidierung durchgeführt. Der Kaufvorgang ist in der Vergangenheit geschehen und wird bei der Folgekonsolidierung zu Anschaffungswerten im Erwerbszeitpunkt wiederholt. Der Beteiligungsbuchwert des Mutterunternehmens am Tochterunternehmen wird gegen das Eigenkapital der Tochter verrechnet. In diesem Vorgang entsteht mit dem gleichen Wert wie bei der Erstkonsolidierung ein möglicher Goodwill. Anschließend werden die Anpassungsbuchungen vorgenommen.[139]

3.3.2 Anpassungsmaßnahmen

Die Anpassungsmaßnahmen bilden den eigentlichen Kern der Folgekonsolidierung. Sie bewirken neben der Kapitalkonsolidierung weitere Konsolidierungsbuchungen. Der Zweck der Anpassungen ist die Fortführung der stillen Reserven bzw. Lasten in den neu bewerteten Vermögenswerte und Schulden sowie des Goodwills aus der Erstkonsolidierung. Dies hat verglichen mit der erfolgsneutralen Erstkonsolidierung (ohne Berücksichtigung eines Negativer Unterschiedsbetrags) erfolgswirksame Effekte.[140]

Im Gegensatz zu den Buchwerten in den Einzelbilanzen sind für die Folgebehandlung der Vermögenswerte und Schulden im Konzernabschluss die Wertansätze der Erstkonsolidierung maßgeblich. Diese Konzernanschaffungskosten einschließlich der aufgedeckten stillen Reserven und Lasten sind bei planmäßig abzuschreibenden Vermögenswerten die Grundlage für die Bestimmung der Abschreibungsbeträge in Folgeperioden.[141] Die Abweichung der Ab-

---

[138] Vgl. Buchholz, R. (2005): S.231f.
[139] Vgl. Buchholz, R. (2005): S.232f.
[140] Vgl. Lüdenbach, N. (2005): S.339.
[141] Vgl. Pellens, B. u. a. (2008): S.720f.

schreibungsgrundlagen bewirkt eine gesonderte Anpassungsmaßnahme in der Konzernbilanz[142] oder bereits im IAS/IFRS Abschluss III des erworbenen Unternehmens[143].

Beim neu bewerteten abnutzbaren Anlagevermögen ergeben sich höhere Abschreibungsbeträge als in der Einzelbilanz. Dadurch ist der Konzerngewinn niedriger als bei der Addition der Gewinne der jeweiligen Einzelabschlüssen ohne Neubewertung der Vermögenswerte. Handelt es sich wie bei Grundstücken um nicht abnutzbares Anlagevermögen, so erhöhen die stillen Reserven die Bilanzsumme und verbleiben bis zum Abgang des Vermögenswertes in der Konzernbilanz. Eine Erhöhung des Umlaufvermögens wird zumeist durch das operative Geschäft innerhalb eines Geschäftsjahres realisiert.[144]

Je nachdem, wo die Anpassung vorgenommen wird, werden die Summenbilanz und die Summen-GuV bzw. die Bilanz und die GuV des erworbenen Unternehmens durch die Abschreibungsbuchung angesprochen. Der Abschreibungsbetrag wird als Aufwand verbucht und im Gegenzug wird der Vermögenswert über die Habenbuchung gemindert. Die Buchung in der Summen-GuV führt zu einer Minderung des Konzerngewinns. Dies wirkt sich mindernd auf die Rücklagen aus.[145]

Die Folgebehandlung der Eventualschulden richtet sich nach IFRS 3.56. Es ist entweder der Wert anzusetzen, der sich nach IAS 37 ergeben würde, oder der bei der Erstkonsolidierung angesetzte Wert vermindert um mögliche ratierliche Auflösungsbeträge. In diesem Fall ergibt sich nach IAS 37 aufgrund des Ansatzverbotes der Wert Null und daher ist die zweite Möglichkeit maßgeblich, da der höhere der beiden Werte anzusetzen ist.[146]

Für die Folgekonsolidierung des Goodwills gilt seit der ersten Reformphase der impairment-only approach. Das IASB hat in IFRS 3.55 die planmäßige Abschreibung über die Nutzungsdauer abgeschafft und fordert stattdessen eine außerplanmäßige Abschreibung. Diese ist vorzunehmen, falls sich der Wert des Goodwills vermindert. IAS 36 regelt die Überprüfung der Werthaltigkeit des Good-

---

142 Vgl. Buchholz, R. (2005): S.233.
143 Vgl. Küting, K. u. Weber, C.-P. (2008): S.251.
144 Vgl. Buchholz, R. (2005): S.230.
145 Vgl. Buchholz, R. (2005): S.233.
146 Vgl. Pellens, B. u. a. (2008): S.711.

wills mittels eines Niederstwerttestes. In der Regel wird der Test in jährlichem Abstand durchgeführt. Solange keine Verringerung des Wertes festzustellen ist, wird der Goodwill in der Konzernbilanz mit seinem Wertansatz zum Erstkonsolidierungszeitpunkt ausgewiesen.[147] Kommt es zu einer außerplanmäßigen Abschreibung, wird die Buchung wie oben beschrieben in der Konzernbilanz und -GuV durchgeführt.[148]

(Weitere Erläuterungen dazu in Unterpunkt 4.1.3)

Zur Veranschaulichung wird das Beispiel aus 3.2.2 fortgeführt. Die stillen Reserven in Höhe von 70 Mio. € bei den Maschinen sind nun abzuschreiben. Bei einer planmäßigen Abschreibung über fünf Jahre ergibt sich ein Aufwand von 14 Mio. €, der folgendermaßen im IAS/IFRS Abschluss III des Tochterunternehmens verbucht wird.

4. Aufwand	S	H
Abschreibung	14	
an Anlagevermögen		14
	14	14

5. Bilanzauswirkung	S	H
Rücklagen	14	
an Jahresüberschuss		14
	14	14

Die stillen Reserven der Position Grund und Boden bleiben unverändert, da hier keine Abschreibung zulässig ist. Die aufgedeckten Reserven im Umlaufvermögen sind durch den Verkauf der betreffenden Waren im Geschäftsjahr realisiert worden.

Die Einzelbilanzpositionen werden wieder zur Summenbilanz zusammengefügt und im Anschluss wird die Kapitalkonsolidierung wie bei der Erstkonsolidierung vorgenommen.

---

[147] Vgl. Pellens, B. u. a. (2008): S.722.
[148] Vgl. Küting, K. u. Weber, C.-P. (2008): S.251.

3.3.3 Fortführung der Minderheiten

Bei der Folgekonsolidierung sind die Minderheitsgesellschafter weiterhin zu berücksichtigen. Da sie bereits bei der Erstkonsolidierung an den aufgedeckten stillen Reserven und Lasten partizipiert haben, sind ihnen die Fortschreibungen dieser Positionen ebenfalls anteilig zuzuordnen. Ebenso erhalten die Minderheitsgesellschafter gemäß IAS 27.28 einen Anteil am Jahresergebnis des Tochterunternehmens.[149]

Wie in 3.3.2 dargestellt, gilt es zunächst, den IAS/IFRS Abschluss III des Tochterunternehmens aufzustellen. Dazu sind die anfallenden Abschreibungen der aufgedeckten Reserven nach den in 3.3.2 aufgezeigten Buchungen erfolgswirksam vorzunehmen. Die Werte dieses Einzelabschlusses gehen wie gewohnt in den Summenabschluss des Konzerns ein. Mit der Kapitalkonsolidierung folgt wieder die erste Korrektur der Summenbilanz. Diese berücksichtigt auch in diesem Fall die Wertverhältnisse im Zeitpunkt der Erstkonsolidierung und wiederholt damit die Kapitalkonsolidierung einschließlich des Ausweises des Ausgleichspostens für Minderheitsgesellschafter.[150] Wird die full goodwill method angewendet, so ist entsprechend der Erstkonsolidierung deren Anteil am Gesamt-Goodwill zu aktivieren.[151]

Dieser Ausgleichsposten wird in einem zweiten Schritt um Verhältnisse am Stichtag der Folgekonsolidierung fortgeschrieben. Dazu zählen der auf die Minderheiten entfallende Anteil an gebildeten Rücklagen, an einem Gewinn aus der Periode sowie an den aufgedeckten stillen Reserven und Lasten.[152] Maßgeblich zur Berechnung ist weiterhin die Anteilsquote.

Die Abschreibungen der aufgedeckten Reserven, an denen die Minderheiten zu beteiligen sind, wurden bereits im IAS/IFRS Abschluss III des Tochterunternehmens vorgenommen. Es ergab sich eine direkte Verrechnung der vollen Abschreibungssumme mit dem Jahresüberschuss oder -fehlbetrag des Tochterunternehmens. Im Summenabschluss erfolgt deshalb die Zuweisung des Minderheitenanteils an den fortgeführten Reserven sowie am Gewinn gebün-

---

149 Vgl. Gräfer, H. u. Scheld, G. (2007): S.206f.
150 Vgl. Küting, K. u. Weber, C.-P. (2008): S.264ff.
151 Vgl. Küting, K. u. Weber, C.-P. (2008): S.267.
152 Vgl. Gräfer, H. u. Scheld, G. (2007): S.207.

delt über die Position Jahresüberschuss oder -fehlbetrag des Tochterunternehmens.[153] Eine andere Vorgehensweise ist möglich, bei der die Fortschreibung der aufgedeckten stillen Reserven und Lasten nicht auf Einzelabschlussebene, sondern bei den Konsolidierungsmaßnahmen im Konzernabschluss vorgenommen wird.[154] Beides führt zum gleichen Resultat.

Im letzten Schritt ist bei Anwendung der full goodwill method eine Abschreibung des auf die Minderheitsgesellschafter entfallenden Goodwills vorzunehmen, wenn Anzeichen für eine Wertminderung vorliegen und der impairment test einen Abschreibungsbedarf anzeigt. Dies führt zu einer Verringerung des Ausgleichspostens für Anteile anderer Gesellschafter und des auf die Minderheiten entfallenden Anteils am Jahresüberschuss.[155]

Der Ausgleichsposten für Minderheitsgesellschafter kann durch die anteilige Zuordnung der Abschreibungen auf aufgedeckte stille Reserven und durch die Beteiligung am Jahresergebnis des Tochterunternehmens, besonders im Falle von Verlusten, stark belastet werden. Ein Abrutschen in den negativen Bereich ist denkbar.[156] IAS 27.35 regelte bisher diesen Sachverhalt. Es kam nicht zum Ausweis eines negativen Minderheitenanteiles. Stattdessen wurden die Anteile ab Überschreiten der Null-Grenze des Minderheitenanteiles mit dem Anteil des Mutterunternehmens verrechnet. Als Ausnahme galt nur der Fall, dass die Minderheiten eine verbindliche Verpflichtung zur Übernahme von Verlusten eingegangen waren. Erwirtschaftete das Tochterunternehmen in der Folgezeit wieder Gewinne, wurden die Gewinnanteile der Minderheiten dazu verwendet, die vorherige Verlustübernahme durch das Mutterunternehmen auszugleichen.[157] Die Neufassung des IAS 27.28 bestimmt, dass ein negativer Minderheitenanteil zu bilanzieren ist und somit eine Übertragung von Verlusten auf die Mehrheitsgesellschafter entfällt.[158]

Zur Veranschaulichung sei bei dem fortgeführten Beispiel der Jahresüberschuss im Jahr der Folgekonsolidierung 60 Mio. €. Neben den wiederholten Erstkonsolidierungsbuchungen kommt es zur an-

---

[153] Vgl. Küting, K. u. Weber, C.-P. (2008): S.264ff.
[154] Vgl. Pellens, B. u. a. (2008): S.721f.
[155] Vgl. Küting, K. u. Weber, C.-P. (2008): S.267.
[156] Vgl. Lüdenbach, N. (2005): S.343.
[157] Vgl. Lüdenbach, N. (2005): S.343.
[158] Vgl. Pellens, B. u. a. (2008): S.727.

teiligen Zuteilung des Gewinns und der Abschreibungen auf die Minderheiten. Zwei Wege führen zum gleichen Ergebnis:

1. Die Abschreibung der aufgedeckten Reserven wird auf Ebene des Einzelabschlusses III in voller Höhe vorgenommen (wie in 3.3.2). Dann mindert sich der Jahresüberschuss des Tochterunternehmens um 14 Mio. € auf 46 Mio. €. Berechnet man 25% von 46 Mio. €, so ergeben sich 11,5 Mio € als Minderheitenanteil. Darin sind die Anteile am Gewinn wie auch an der Abschreibung der Reserven enthalten.

2. Die Sachverhalte werden getrennt betrachtet. Vom Gesamtgewinn in Höhe von 60 Mio. € entfallen 15 Mio. € auf die Minderheiten. Von der Abschreibungssumme in Höhe von 14 Mio. € sind den Minderheiten anteilig 3,5 Mio. € zuzurechnen. Der Gewinnanteil erhöht den Ausgleichsposten, die Partizipation an den Abschreibungen mindert diesen. Deshalb ergibt sich bei der Verrechnung von 15 Mio. € und 3,5 Mio. € das gleiche Ergebnis wie bei der ersten Variante, 11,5 Mio. €.

3.4 Endkonsolidierung

Die letzte der drei Konsolidierungsphasen behandelt den Abgang eines Tochterunternehmens aus dem Konsolidierungskreis. Dies kann aus mehreren Gründen geschehen. Die Endkonsolidierung (auch Entkonsolidierung) wird zunächst bei einem vollständigen Verkauf der am Tochterunternehmen gehaltenen Anteile an Dritte durchgeführt. Wird die Beteiligung innerhalb des Konzerns an eine vollkonsolidierte Konzerngesellschaft verkauft, bleibt der Konzern in Besitz des Unternehmens und eine Endkonsolidierung ist nicht möglich.[159] Des Weiteren kann es zur Endkonsolidierung kommen, wenn ein Teil der Anteile am Tochterunternehmen verkauft wird und das Mutterunternehmen dadurch die Beherrschungsmöglichkeit über das Unternehmen einbüßt. Dann ist zu prüfen, ob und nach welcher Methode das Unternehmen in der Folge in den Konzernabschluss einzubeziehen ist. Eine Übergangskonsolidierung von der Vollkonsolidierung auf die Equity-Methode kann zum Tragen kommen.[160] Letztlich kann ein Unternehmen aus Unwesentlichkeitsgründen oder allgemeinem Beherrschungsverlust

---

[159] Vgl. Küting, K. u. Weber, C.-P. (2008): S.367.
[160] Vgl. Küting, K. u.a. (2008): S.140.

nach IAS 27.32 aus dem Konsolidierungskreis ausscheiden. Die Konsequenz ist ein Ansatz der Beteiligung nach IAS 39 als finanzieller Vermögenswert.[161]

3.4.1 Abgang der Vermögenswerte und Schulden

Nach der Neufassung des IAS 27 hat das Mutterunternehmen bei der Endkonsoli-dierung im Falle einer Veräußerung folgende bilanzielle Maßnahmen durchzuführen. Als Endkonsolidierungszeitpunkt gilt gemäß IAS 27.34a der Tag, an dem das Mutterunternehmen die Beherrschung über das Tochterunternehmen verliert.[162] Geschieht dies nicht zum Konzernabschlussstichtag, so ist analog zur Erstkonsolidierung in 3.1 ein Zwischenabschluss aufzustellen. Die Buchwerte der Vermögenswerte und Schulden des ausscheidenden Unternehmens an diesem Tag sind für die Endkonsolidierung maßgeblich. Ebenso müssen die Aufwendungen und Erträge des Tochterunternehmens, die bis zum Zeitpunkt des Zwischenabschlusses in die Konzern-GuV einfließen, richtig abgegrenzt werden. Wie bei der Folgekonsolidierung zum Geschäftsjahresende sind auch beim Zwischenabschluss die Minderheiten bei der Gewinnverteilung und der Fortschreibung der stillen Reserven zu beteiligen.[163]

Analog zur Erstkonsolidierung nach der Einzelerwerbsfiktion scheiden bei der Endkonsolidierung nicht die Anteile am Tochterunternehmen, sondern die entsprechenden Vermögenswerte und Schulden aus dem Konzern aus.[164] Die Buchwerte der Vermögenswerte einschließlich des Goodwills und der Schulden sind gemäß IAS 27.34a am Stichtag des Beherrschungsverlusts mittels eines Abgangs aus der Konzernbilanz auszubuchen.[165] Wenn Minderheitsgesellschafter am ausscheidenden Unternehmen beteiligt sind, ist der Ausgleichsposten im Eigenkapital gemäß IAS 27.34b erfolgsneutral auszubuchen.[166]

Die Auflösung des Vermögenswertes Goodwill gestaltet sich nicht so übersichtlich, denn die Folgebewertung des Goodwills wird nicht für das Tochterunternehmen als Ganzes vorgenommen, son-

---

[161] Vgl. Heuser, P. J. u. Theile, C. (2005): S.589.
[162] Vgl. Küting, K. u. Weber, C.-P. (2008): S.371.
[163] Vgl. Küting, K. u. Weber, C.-P. (2008): S.371f.
[164] Vgl. Küting, K. u. Weber, C.-P. (2008): S.367.
[165] Vgl. Pellens, B. u. a. (2008): S.729.
[166] Vgl. Küting, K. u.a. (2008): S.149.

dern auf der Ebene der zahlungsmittelgenerierenden Einheiten (ZGE) (siehe 4.1.3). Daher ist bei der Endkonsolidierung zu ermitteln, inwieweit eine ZGE, die einen Goodwill beinhaltet, durch das Ausscheiden des Tochterunternehmens betroffen ist. Eine eindeutige Bestimmung des Abgangswertes des Goodwills ist möglich, wenn eine Goodwill tragende ZGE abgeht.[167]

Scheidet innerhalb einer Goodwill tragenden ZGE nur ein Teilbereich aus, resultiert der auszubuchende Wert des Goodwills dieses Teilbereiches nach IAS 36.86 aus „der aktuellen Unternehmenswertrelation zwischen dem Unternehmenswert der betroffenen firmenwerttragenden ZMGE vor dem Verkaufsvorgang und dem Unternehmenswert des Abgangsanteils."[168] Dieser relative Wert wird im Anschluss mit dem gesamten Goodwill der ZGE multipliziert, um den korrekten Abgangswert zu erhalten.[169]

Bei der Endkonsolidierung ist ebenfalls zu beachten, ob nach der Neubewertungsmethode oder der full goodwill method bilanziert wird. Im ersten Fall ist nur der den Mehrheitsgesellschaftern zugewiesene bilanzierte Goodwill für die Ermittlung des Abgangswertes zu verwenden. Im zweiten Fall bildet sich der Abgangswert aus dem Gesamt-Goodwill aller Anteile.[170]

Erhält das Mutterunternehmen als Gegenleistung für die Veräußerung liquide Mittel, so sind diese gemäß IAS 27.34c zum beizulegenden Zeitwert zu aktivieren.[171] Ein Erfolg aus der Endkonsolidierung ergibt sich beim Besitz aller Anteile, wenn der gezahlte Preis für das Tochterunternehmen die zuvor ermittelten Wertansätze der abgehenden Vermögenswerte und Schulden sowie des Goodwills der Konzernbilanz übersteigt.[172] Ein Erfolg wie ein eventueller Verlust sind nach IAS 27.34f in der GuV des Mutterunternehmens zu verbuchen.

---

[167] Vgl. Küting, K. u. Weber, C.-P. (2008): S.367.
[168] Vgl. Küting, K. u.a. (2008): S.149.
[169] Vgl. Küting, K. u.a. (2008): S.149f.
[170] Vgl. Küting, K. u.a. (2008): S.150.
[171] Vgl. Pellens, B. u. a. (2008): S.729.
[172] Vgl. Küting, K. u. Weber, C.-P. (2008): S.368.

3.4.2 Behandlung von Minderheitenanteilen

Bei Vorhandensein von Minderheitsgesellschaftern gliedert sich die Endkonsolidierung in einen erfolgswirksamen und einen erfolgsneutralen Schritt.[173] Abweichend von der Berechnung bei einem Anteilsbesitz von 100% ergibt sich für das Mutterunternehmen der Endkonsolidierungserfolg nun aus dem Veräußerungserlös vermindert um den auf das Mutterunternehmen entfallenden Anteil am Nettovermögen des ausscheidenden Unternehmens sowie vermindert um den zugewiesenen Goodwill. Die Endkonsolidierung der Minderheitenanteile erfolgt hingegen erfolgsneutral. Der auf die Minderheiten entfallende Anteil an den Vermögenswerten und Schulden des ausscheidenden Unternehmens wird gegen den Ausgleichposten im Eigenkapital verrechnet.[174] Die Neutralität wird allerdings nur erreicht, wenn sich diese Werte entsprechen. Küting zweifelt an der praktischen Umsetzung der Erfolgsneutralität und verweist auf zahlreiche offene Fragen in diesem Zusammenhang.[175]

Im Ergebnis sind die abgehenden Werte des Tochterunternehmens auf die Mehrheits- und Minderheitsgesellschafter verteilt und ausgebucht worden.

Wird nach der full goodwill method bilanziert, so muss bei der Endkonsolidierung des Minderheitenanteils, neben den auf die Minderheiten entfallenden Anteilen an den Vermögenswerten und Schulden, der zugeteilte Goodwill hinzugefügt werden. Bei der Verrechnung mit dem Ausgleichsposten bleibt das Gleichgewicht bestehen, da der Ausgleichsposten durch die Zuweisung des Goodwills auf die Minderheiten bei der Erstkonsolidierung entsprechend erhöht worden ist.

Um die Vorgänge der Endkonsolidierung zu veranschaulichen, wird an dieser Stelle das Beispiel aus 3.2.5.1 fortgeführt. Das Mutterunternehmen ABC hat eine 75-pro-zentige Beteiligung an dem Tochterunternehmen XYZ, das nun vollständig gegen Barzahlung in Höhe von 700 Mio. € veräußert wird. Ausgangspunkt sind die Werte der Konzernbilanz des letzten Abschlussstichtages. Das Zahlenbeispiel weist aus Vereinfachungsgründen die Werte der Konzernbi-

---

[173] Vgl. Küting, K. u. Weber, C.-P. (2008): S.371.
[174] Vgl. Küting, K. u. Weber, C.-P. (2008): S.370f.
[175] Vgl. Küting, K. u.a. (2008): S.150f.

lanz nach der Erstkonsolidierung aus. In der Praxis wären diese Werte in den Folgeperioden verändert worden.

Der gezahlte Kaufpreis wird im Umlaufvermögen der Konzernbilanz gutgeschrieben. Dann erfolgt die Ausbuchung der Aktiva des Tochterunternehmens sowie der fortgeführten Goodwill-Position, die durch den Kauf des Tochterunternehmens entstanden war. Die Passiva des Tochterunternehmens sowie der Minderheitenanteil werden ebenfalls eliminiert. Der verbleibende Veräußerungserfolg in Höhe von 250 Mio. € (700-240-290-210-22,5+170+142,5=250) wirkt sich über die Konzern-GuV auf die Höhe des Jahresüberschusses aus.[176]

Somit ergibt sich in der letzten Spalte die Konzernbilanz nach erfolgter Endkonsolidierung ohne jegliche Positionen des ehemaligen Tochterunternehmens.

Summenabschluss 5:

Bilanz Aktiva	Summen-bilanz	Konsolidierung S	H	Konzern-bilanz
Goodwill	22,5		1) 22,5	-
Grund und Boden	490		1) 240	250
Maschinen	640		1) 290	350
Umlaufvermögen	910	1) 700	1) 210	1400
Summe	2062,5			2000
Passiva				
Gez. Kapital	900			900
Rücklagen	350			350
Jahresüberschuss	100		1) 250	350
Ausgleichsposten	142,5	1) 142,5		-
Fremdkapital	570	1)170		400
Summe	2062,5	1012,5	1012,5	2000

Tab.5: eigene Darstellung und Berechnung Küting, K. u. Weber, C.-P. (2008): S.247.

---

[176] Vgl. Pellens, B. u. a. (2008): S.730. Quelle der vorzunehmenden Buchungen.

4. Einzelfragen der Kapitalkonsolidierung

4.1 Goodwill

4.1.1 Entstehungsgründe und Komponenten

In 3.2.4 ist dargestellt worden, wie sich der Goodwill als positiver Unterschiedsbetrag aus der Kapitalkonsolidierung ergibt. Dabei ist der Goodwill Bestandteil des beim Anteilserwerb gezahlten Kaufpreises und resultiert aus der Differenz der Anschaffungskosten der Beteiligung und dem beizulegenden Zeitwert des erworbenen Nettovermögens. Dieser Restwert wird als immaterieller nicht abnutzbarer Vermögenswert trotz mangelnder Identifizierbarkeit angesehen und in der Konzernbilanz aktiviert.[177] Im Gegensatz zum bisher originären Goodwill des Tochterunternehmens, gilt durch den Unternehmenserwerb nun ein Ansatzgebot als derivativer Goodwill.[178] Der Zweck des Goodwills geht weit über die Klassifizierung als Restgröße hinaus. Seine Existenz hat vielfältige, berechtigte Gründe, die der folgenden Abbildung 2 entnommen werden können.

Komponenten eines positiven Unterschiedsbetrages

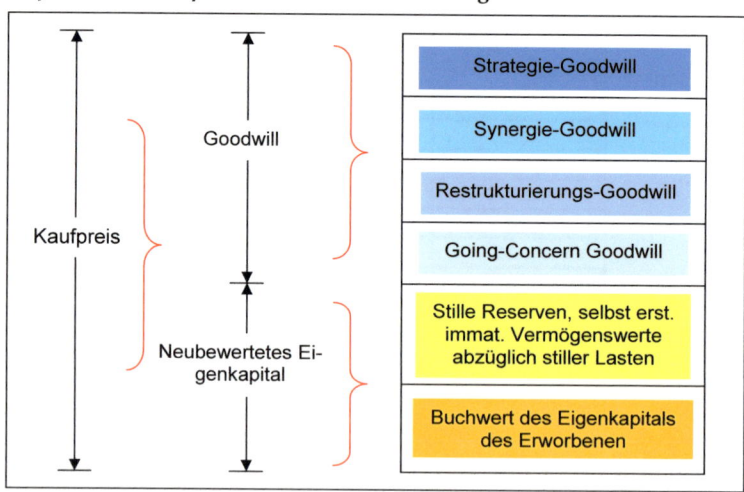

Abb. 2: nach Pellens, B. u. a. (2008): S.694.

---

[177] Vgl. Pellens, B. u. a. (2008): S.693.
[178] Vgl. Buchholz, R. (2005): S.74.

Der Goodwill fasst grundsätzlich eine Erwartungshaltung des Erwerbers über den Nutzen des Unternehmenszusammenschlusses zusammen. Diese rechtfertigt es, einen über das neu bewertete Eigenkapital hinausgehenden Kaufpreis zu zahlen. Der Nutzen wird nicht von einzeln identifizierbaren und gesondert bilanzierbaren Vermögenswerten erzielt und findet somit seinen Niederschlag im Goodwill. Dieser kann als Sammelposten immaterieller Werttreiber verstanden werden.[179]

Zunächst wird aus dem Going-Concern Goodwill ein zukünftiger Ertragsvorteil erwartet. Dabei handelt es sich um den originären Goodwill des erworbenen Unternehmens, der sich durch außerbilanzielle Werte wie ein zu übernehmender Kundenstamm oder Management Know-how auszeichnet. Des Weiteren können nach dem Zusammenschluss ungenutzte Kapazitäten des erworbenen Unternehmens durch eine Umorganisation ausgeschöpft werden. Der Restrukturierungs-Goodwill zielt demnach auf Erträge aus effizienterer Nutzung von Ressourcen sowie aus einer Optimierung des gesamten Geschäftsprozesses ab.

Verlässt man die isolierte Betrachtung des erworbenen Unternehmens, so wird deutlich, dass zwischen den zusammengeschlossenen Unternehmen gemeinsame Aktivitäten möglich sind. Diese sind häufig das Ziel eines Unternehmenszusammenschlusses. In der Produktion wie auch im Management können Synergien durch eine Zusammenlegung der Aktivitäten auftreten. Idealerweise kombinieren die Unternehmen verschiedene Kompetenzen, die zusammen eine neue Kernkompetenz, einen Synergie- oder einen Verbundeffekt, ergeben.[180] Letztlich verfolgen Unternehmen mit Zusammenschlüssen die Umsetzung ihrer Geschäftsstrategien, indem sie sich neue Handlungsspielräume eröffnen. Somit bezieht sich der Strategie-Goodwill beispielsweise auf das Ziel, durch eine Übernahme einen Konkurrenten auszuschalten. Andererseits können die Unternehmen zusammen durch größere Marktmacht die Eintrittsbarrieren zu einem rentablen Markt erhöhen oder selbst solche eines attraktiven Marktes überwinden.[181]

---

[179] Vgl. Gräfer, H. u. Scheld, G. (2007): S.195.
[180] Vgl. Pellens, B. u. a. (2008): S.693f.
[181] Vgl. Pellens, B. u. a. (2008): S.693f.

4.1.2 Abgrenzung der immateriellen Vermögenswerte

Der Goodwill ist technisch gesehen eine Residualgröße aus der Verrechnung der Anschaffungskosten der Beteiligung mit den erworbenen neu bewerteten Vermögenswerten und Schulden. Das IASB verlangt eine möglichst genaue Identifizierung des Nettovermögens des erworbenen Unternehmens. Dazu ist zu untersuchen, welche Vermögenswerte und Schulden ansetzbar sind. Diese sind mit den beizulegenden Zeitwerten zu bewerten.[182] Die Identifizierung von immateriellen Vermögenswerten ist besonders wichtig, da häufig solche immateriellen Vermögenswerte im Sammelposten Goodwill erfasst werden, die gemäß IAS 38 gesondert als eigene Posten zu aktivieren wären.[183] Dies ist zum Beispiel deshalb geschehen, weil vor den jüngsten Reformen nicht eindeutig definiert war, wann ein Posten als identifizierbar gilt.[184] In der Konsequenz ergab sich eine ungerechtfertigte Aufblähung des Goodwills. Diese Position soll jedoch allein die Werttreiber beinhalten, die in 4.1.1 beschrieben wurden und die die Voraussetzungen für einen separaten Ansatz nicht erfüllen.[185]

Die Ansatzkriterien für immaterielle Vermögenswerte sind in der ersten Phase des Business Combinations Projekts konkretisiert worden, um den Ansatz separat vom Goodwill zu verstärken.[186] Dies ist vor allem vor dem Hintergrund der entfallenen planmäßigen Abschreibung des Goodwills nötig. Würden immaterielle Vermögenswerte, die sich abnutzen, im Goodwill erfasst, würden sie nicht entsprechend der Abnutzung abgeschrieben. Zuvor bestand dieses Problem nicht, da eine Wertminderung der abgenutzten immateriellen Vermögenswerte durch die Abschreibung des Goodwills abgedeckt war.[187]

Grundsätzlich muss ein immaterieller Vermögenswert identifizierbar sein. Dies ist nach IFRS 3.A gegeben, wenn der Vermögenswert separierbar ist, also verkehrsfähig ist, oder alternativ durch vertragliche oder gesetzliche Rechte begründet wurde. IFRS 3.18 fügt neben der Klassifizierung als immateriellen Vermögenswert

---

[182] Vgl. Qin, S. (2005): S.35.
[183] Vgl. Gräfer, H. u. Scheld, G. (2007): S.195.
[184] Vgl. Qin, S. (2005): S.71.
[185] Vgl. Gräfer, H. u. Scheld, G. (2007): S.195.
[186] Vgl. Schwedler, K. (2008): S. 126.
[187] Vgl. Heuser, P. J. u. Theile, C. (2005): S. 571.

hinzu, dass dessen beizulegender Zeitwert zuverlässig ermittelt werden muss. Davon wird allerdings generell ausgegangen.[188]

IFRS 38.34 spricht speziell den Ausweis von aktiven Forschungs- und Entwicklungsprojekten des Erworbenen an. Sie sind separat zu aktivieren, wenn die Kriterien für immaterielle Vermögenswerte erfüllt sind und der beizulegende Zeitwert bestimmbar ist. Es ist zu bemerken, dass damit bei einem Zusammenschluss Forschungskosten zu aktivieren sind. IAS 38.54 gibt in allen anderen Fällen ein Ansatzverbot vor.[189] Dies ist aber plausibel, da Unternehmenskäufe oft durch das Ziel des Erwerbs von Forschungsprojekten und Know-how motiviert sind und ein resultierender hoher Kaufpreis andernfalls komplett im Goodwill bilanziert würde.[190]

Der getrennte Ansatz eines immateriellen Vermögenswertes vom Goodwill ist bei einem Unternehmenszusammenschluss oft schwierig, da die Überprüfung der Identifizierbarkeit problematisch sein kann. Dies trifft vor allem dann zu, wenn der Vermögenswert in der Bilanz des Tochterunternehmens bisher nicht aktiviert worden ist, beispielsweise bei selbst erstellten immateriellen Vermögenswerten.[191]

IFRS 3 enthält im Anhang Beispiele zur Unterstützung, wo immaterielle Vermögenswerte beim Zusammenschluss bestehen können. Bezogen auf die Identifizierbarkeit durch vertragliches oder anderes Recht sind zu nennen: Markenrechte, -zeichen, Internet-Adressen, Kundenbeziehungen, Gegenstände künstlerischen Schaffens wie Bücher und Filme, sowie Lizenzen, Verträge, Rechte und Genehmigungen verschiedenster Art zuzüglich technologiebezogener Vermögenswerte. Allein durch Separierbarkeit anzusetzende Vermögenswerte sind Kundenlisten, Datenbanken und nicht patentrechtlich geschützte Technologien.[192]

4.1.3 Werthaltigkeitstest des Goodwills

Das zentrale Instrument zur Folgebehandlung des Goodwills ist der einstufige Niederstwerttest (impairment test). Dieser ist in

---

[188] Vgl. Qin, S. (2005): S.38.
[189] Vgl. Coenenberg, A. G. (2005): S. 654.
[190] Vgl. Heuser, P. J. u. Theile, C. (2005): S. 574.
[191] Vgl. Qin, S. (2005): S.38f.
[192] Vgl. Heuser, P. J. u. Theile, C. (2005): S.571ff.

IAS 36 geregelt. Der Test muss grundsätzlich jährlich zur Ermittlung der Werthaltigkeit herangezogen werden. Es ist nicht notwendig, dass Anhaltspunkte auf eine Wertminderung hinweisen.[193] Der Testzeitpunkt ist während des Abschlussjahres frei zu wählen, dieser muss jedoch in den Folgejahren beibehalten werden.[194] Ergeben sich zwischenzeitlich Anzeichen für einen Wertverlust, muss ein impairment test vorgezogen werden. Wird durch den Abgang eines Tochterunternehmens aus dem Konsolidierungskreis der Goodwill angesprochen, ist der impairment test ebenfalls durchzuführen.[195]

Dem impairment test vorgelagert ist die Aufteilung des Goodwills auf so genannte zahlungsmittelgenerierende Einheiten (ZGE) oder cash generating units (CGU) des Konzerns. Diese bestehen aus mehreren zusammengefassten Vermögenswerten. Nach IAS 36 findet ein Niederstwerttest grundsätzlich auf der Ebene der einzelnen Vermögenswerte statt. Da der Goodwill aber nicht einzeln bewertbar ist und sich ein erzielbarer Betrag nicht bestimmen lässt, wird er gemäß IAS 36.66 auf der Ebene der ZGE überprüft.[196] Dabei ist der Goodwill nach IAS 36.80 ausschließlich auf solche ZGE oder auch auf eine Gruppe zusammengefasster ZGE zu verteilen, die wahrscheinlich zukünftig einen Nutzen aus dem Unternehmenszusammenschluss ziehen werden.[197] Das IASB definiert in IAS 36.6 eine ZGE als

„die kleinste identifizierbare Gruppe von Vermögenswerten, die Mittelzuflüsse erzeugen, die weitestgehend unabhängig von den Mittelzuflüssen anderer Vermögenswerte oder anderen Gruppen von Vermögenswerten sind."

IAS 36.80a klassifiziert eine ZGE als die unterste Ebene in einem Unternehmen, auf der ein Goodwill überwacht und zugeordnet werden kann. Obergrenze bilden nach IAS 36.80b Einheiten, die maximal die Größe eines Berichtssegments besitzen.[198] Bei der Verteilung des Goodwills kann es zu einem Konflikt kommen. Je mehr ZGE angesprochen werden, desto genauer wird der Goodwill zugeordnet. Allerdings entsteht dadurch eine hohe Anzahl an impair-

---

[193] Vgl. Grünberger, D. (2008): S.89.
[194] Vgl. Gräfer, H. u. Scheld, G. (2007): S.206.
[195] Vgl. Gräfer, H. u. Scheld, G. (2007): S.202.
[196] Vgl. Pellens, B. u. a. (2008): S.718f.
[197] Vgl. Gräfer, H. u. Scheld, G. (2007): S.202.
[198] Vgl. Pellens, B. u. a. (2008): S.719.

ment tests, denn für jede ZGE ist ein separater Test durchzuführen. Kostengünstiger wäre daher eine Aggregation mehrerer ZGE zu einer Gruppe.[199]

Ein frei erdachtes Szenario soll die Thematik veranschaulichen. Um bei dem Beispiel aus 2.1 zu bleiben, sei ein Edeka-Markt in Osnabrück eine eigenständige ZGE im großen Filialnetz des Edekakonzerns.[200] Der Markt erwirtschaftet aus seinem operativen Geschäft eigene Einnahmen und kann selbstständig agieren. Es könnte nun dazu kommen, dass eine Konzerngesellschaft den Hersteller einer Osnabrücker Spezialität übernimmt. Dies könnte Vorteile bei der Bereitstellung des Produktes in den Märkten, für die Produktvielfalt und Preisgestaltung sowie für eine kürzere Lieferzeit bedeuten. Außerdem könnten Kunden dieser Spezialität damit animiert werden, bei Edeka einzukaufen. Diese Elemente repräsentieren den Going-Concern Goodwill wie auch den Synergie-Goodwill. Wäre eine andere Lebensmittelkette wie Rewe ebenfalls an dem Spezialisten interessiert, dann würde es zu einem Strategie-Goodwill kommen. Denn Edeka würde einen erhöhten Kaufpreis zahlen, damit der Spezialist nicht einem Konkurrenten in die Hände fällt. Die Osnabrücker Spezialität ist nicht bundesweit bekannt. Daher ist der erworbene Goodwill auf genau die ZGE – Märkte – zu verteilen, die das Produkt führen und einen Nutzen aus der Übernahme erzielen. Dies wären beispielsweise Märkte in Osnabrück und Umgebung.

Ziel des impairment tests ist es, festzustellen, ob der Wertansatz des Goodwills korrigiert werden muss. Der Ablauf des Testes ist in Abbildung 3 dargestellt. Im ersten Schritt werden der Buchwert eines Vermögenswertes oder wie in diesem Fall einer ZGE und dessen erzielbarer Betrag miteinander verglichen. Der Buchwert beinhaltet dabei den der ZGE zugewiesenen Goodwill.[201] Als erzielbarer Betrag gilt nach IAS 36.74 entweder der Nettoveräußerungswert oder der Nutzungswert. Entscheidend ist, welcher der beiden Werte höher ist. Der Nettoveräußerungswert entspricht entweder dem zu erwartenden Marktpreis abzüglich der Veräußerungskosten oder einem Vergleichswert ähnlicher Vermögenswerte. Unter dem Nutzungswert wird der Barwert der erwarteten künftigen Zahlungsströme oder cash flows aus der fortwährenden Nutzung verstanden. Zur

---

[199] Vgl. Gräfer, H. u. Scheld, G. (2007): S.203.
[200] Vgl. Grünberger, D. (2008): S.93.
[201] Vgl. Pellens, B. u. a. (2008): S.723.

Ermittlung des Barwertes müssen nach IAS 36.31 die Zahlungsströme aus der künftigen Nutzung und dem Abgang des Vermögenswertes sowie ein passender Diskontierungszinssatz bestimmt werden. Der erzielbare Betrag resultiert somit entweder aus dem Wert der ZGE im Falle eines Verkaufs oder aus dem Wert bei fortgeführter Nutzung im Unternehmen. Der höhere der beiden Werte ist maßgeblich, da so die Differenz zum Buchwert und gleichzeitig der Abschreibungsaufwand möglichst gering gehalten werden.[202]

Liegt der erzielbare Betrag niedriger als der Buchwert, so entsteht gemäß IAS 36.6 in Höhe dieser Differenz ein Wertminderungsaufwand. Es wird von einem Abwertungsverlust oder impairment loss gesprochen.[203] Die Bezeichnung als einstufiger impairment test resultiert aus dem Effekt, dass beim Vergleich von Buchwert und erzielbarem Betrag sowohl die Tatsache des Wertberichtigungsbedarfs als auch die Höhe der Wertminderung festgestellt wird. US-GAAP sieht zusätzlich einen zweiten Schritt zur Neubewertung des Nettovermögens vor, den das IASB auf Grund des ungünstigen Kosten-Nutzen-Verhältnisses nicht eingeführt hat.[204]

Die Konsequenz des Wertberichtigungsbedarfs ist die erfolgswirksame außerplanmäßige Abschreibung des Goodwills in der Höhe der ermittelten Wertminderung nach IAS 36.104a. Ist der Berichtigungsbedarf höher als der Buchwert des Goodwills der ZGE, dann müssen nach IAS 36.104b die Vermögenswerte der ZGE proportional zu ihren Buchwerten abgeschrieben werden. Dazu zählt in erster Linie das Anlagevermögen, da weitere Vermögenswerte vom Anwendungsbereich des IAS 36 durch IAS 36.2 ausgenommen sind.[205] Die Abschreibung darf nach IAS 36.105 den Buchwert eines Vermögenswertes jedoch nur bis zur Höhe des erzielbaren Betrages mindern. Ein negativer Vermögenswert ist zudem unzulässig.[206] Ein Unterschreiten des erzielbaren Betrags würde zur Bildung einer stillen Reserve führen.[207]

Ist der Buchwert kleiner als der erzielbare Betrag, so kann dieser Erfolg nicht angesetzt werden, da IAS 36.124 die Wertaufholung

---

[202] Vgl. Grünberger, D. (2008): S.89.
[203] Vgl. Gräfer, H. u. Scheld, G. (2007): S.203f.
[204] Vgl. Coenenberg, A. G. (2005): S.656.
[205] Vgl. Pellens, B. u. a. (2008): S.725.
[206] Vgl. Gräfer, H. u. Scheld, G. (2007): S.204.
[207] Vgl. Grünberger, D. (2008): S.98.

des Goodwills untersagt.[208] Der gestiegene Wert basiert möglicherweise auf einem selbst erstellten Goodwill, der nicht aktiviert werden darf.[209]

Ablauf des Werthaltigkeitstestes

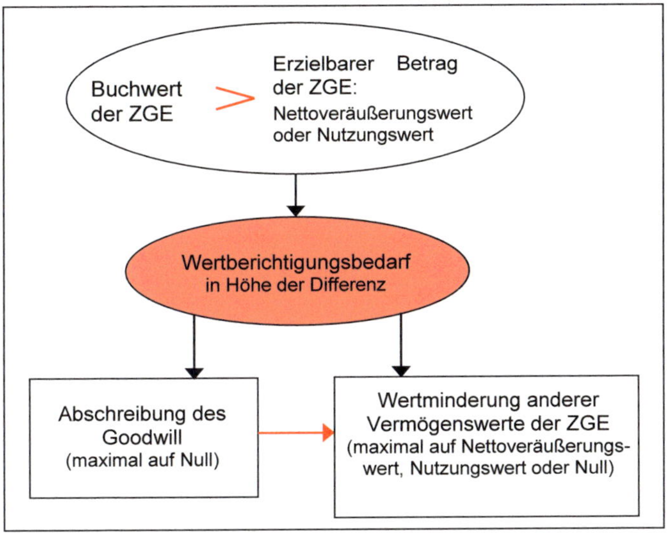

Abb.3: in Anlehnung an Gräfer, H. u. Scheld, G. (2007): S.205.

Die Berechnungen des Buchwertes und des erzielbaren Betrages beziehen sich auf einen vollständigen Besitz aller Anteile des
Tochterunternehmens.[210] Für den Fall, dass Minderheitsgesellschafter am Tochterunternehmen beteiligt sind, muss der Werthaltigkeitstest auch deren Anteil am Goodwill berücksichtigen, obwohl
dieser nach der Neubewertungsmethode nicht ermittelt und bilanziert wird. Deshalb wird der Goodwill nach IAS 36.C4, um den Teil,
der den Minderheiten zusteht, fiktiv proportional hochgerechnet.[211]
Dieser Vorgang findet ausschließlich in einer Nebenrechnung zum
Werthaltigkeitstest statt.[212] Weist der Test auf eine Wertminderung

---

[208] Vgl. Gräfer, H. u. Scheld, G. (2007): S.206.
[209] Vgl. Grünberger, D. (2008): S.92.
[210] Vgl. Küting, K. u.a. (2008): S.146.
[211] Vgl. Pellens, B. u. a. (2008): S.726.
[212] Vgl. Grünberger, D. (2008): S.99.

des Goodwills hin, so ist bei Anwendung der Neubewertungsmethode nach IAS 36.C8 nur der Anteil des Mutterunternehmens am Goodwill außerplanmäßig abzuschreiben.[213] Diese Problematik ergibt sich bei der full goodwill method nicht, denn diese bezieht die Minderheiten generell in die Gesamt-Goodwillbestimmung und -folgebehandlung ein.[214] Nach IAS 36.C6 wird der Wertberichtigungsbedarf daher wie bei der Verteilung des Jahresüberschusses auf Mehrheits- wie Minderheitsgesellschafter aufgeteilt.[215]

4.1.4 Konsequenzen der Folgebehandlung des Goodwills

Die konzeptionelle Veränderung der Folgebehandlung des Goodwills mittels eines Werthaltigkeitstestes wirft einige Unstimmigkeiten auf. Das IASB vertritt die Ansicht, dass der Goodwill als immaterieller Vermögenswert keine fest bestimmbare Nutzungsdauer vorweist. Dennoch eine planmäßige Abschreibung über eine geschätzte Nutzungsdauer vorzunehmen, würde zu Willkür führen. Deshalb scheint eine Abbildung nach dem tatsächlichen Wertverlauf mit einer Abschreibung bei Eintritt einer Wertminderung sinnvoll. Dem steht allerdings eine andere Einflussgröße entgegen. Ein Wertverlust tritt deshalb nicht ein, weil der derivative, erworbene Goodwill durch Zusammenführung der Kompetenzen der Unternehmen und durch weitere Investitionen zu einem originären, selbst geschaffenen Goodwill wird.[216] Der impairment test beinhaltet keine Möglichkeit den derivativen und den originären Goodwill zu unterscheiden und testet daher die Werthaltigkeit des gesamten Goodwills.[217] Für den originären Goodwill besteht nach IAS 38.48 allerdings generell ein Ansatzverbot. Diese Regelung ermöglicht jedoch eine Bilanzierung auf Umwegen und verhindert gleichzeitig die Abschreibung des möglicherweise geminderten derivativen Goodwills.

Hinzu kommt die Problematik des Wechsels von bisheriger planmäßiger Abschreibung zum Werthaltigkeitstest. Anders als die normale Abschreibung führt der Niederstwerttest zu erheblichem Bewertungsaufwand in den Unternehmen. Zusätzlich liegt in der Bestimmung des Wertes des Goodwills je zahlungsmittelgenerie-

---

[213] Vgl. Gräfer, H. u. Scheld, G. (2007): S.206.
[214] Vgl. Pellens, B. u. a. (2008): S.726f.
[215] Vgl. Küting, K. u.a. (2008): S.147.
[216] Vgl. Pellens, B. u. a. (2008): S.723.
[217] Vgl. Grünberger, D. (2008): S.364.

render Einheit in einem bestimmten Zeitpunkt ein hohes Unsicherheitspotential. Eine bilanzpolitische Ausnutzung dieses Freiraums bietet sich an. So ist es zu erwägen, die ZGE nicht als kleinstmögliche Einheit zu bestimmen, sondern diese großflächiger einzuteilen. Damit kann eine hohe außerplanmäßige Abschreibung besser aufgefangen werden.[218] Außerdem kann die außerplanmäßige Abschreibung als bilanzpolitisches Instrument eingesetzt werden.[219] Je nachdem, welche Absicht der Konzern mit dem Ausweis des Konzerngewinns verfolgt, kann mit einer Abschreibung das Ergebnis gedrückt oder ohne sie der Gewinn höher gehalten werden.

Die Umstellung von der planmäßigen auf die außerplanmäßige Abschreibung hat in der Übergangsphase einen weit reichenden Einfluss auf die Gewinnausweise der Unternehmen. Die planmäßige Abschreibung wurde zunächst nach US-GAAP durch den Druck der Unternehmen abgeschafft. Diese hatten mit erheblichen Abschreibungssummen zu kämpfen, die aus zahlreichen Goodwill-Positionen resultieren und regelmäßig die Gewinne stark belasten.[220] Der Wegfall der planmäßigen Abschreibung ließ die Gewinne durch die geminderte Last steigen. Nach der ersten Reformphase des IASB galt diese Erleichterung auch für IFRS-Bilanzierer. Die Änderung in der Rechnungslegung verhalf den Dax-Unternehmen zu bis zu zweistelligen Gewinnzuwächsen, was den Börsenkurs der Unternehmen äußerst positiv beeinflusste.[221] Zu bedenken ist, dass diese Gewinnzuwächse auf keiner Leistungssteigerung des Unternehmens beruhen.[222] Eine Studie der Universität Oldenburg zeigt, dass bei einer vereinheitlichten Abschreibung des Goodwills über eine Nutzungsdauer von zehn Jahren, der Gewinn bei RWE in 2003 um etwa 87% geringer und bei der Deutschen Bank um 85% geringer ausfallen würde als ausgewiesen. Die Deutsche Telekom und Linde würden nach dieser Berechnung sogar in die Verlustzone rutschen.[223]

Der nun anzuwendende Werthaltigkeitstest kann je nach Testergebnis jedoch unregelmäßige Abschreibungen von ungewisser

---

[218] Vgl. Deloitte / Pellens, B. (2005): S.4.
[219] Vgl. Gräfer, H. u. Scheld, G. (2007): S.201f.
[220] Vgl. Schürmann, C. (2004): S.110.
[221] Vgl. Schürmann, C. (2004): S.112.
[222] Vgl. Schürmann, C. (2004): S.110.
[223] Vgl. Schürmann, C. (2004): S.110ff.

Höhe bewirken. Ein hoher Abschreibungsaufwand veranlasst Unternehmen, eine Gewinnwarnung auszusprechen, was gleichzeitig negative Auswirkungen auf den Aktienkurs hat. Das Beispiel des Charles Vögele Konzerns in Unterpunkt 4.1.5.1 zeigt in diesem Zusammenhang den abschreibungsbedingten Übergang von Gewinn zu Verlust. Weiter zu beachten ist die Gefahr einer erheblichen Wertminderung des Goodwills. Nicht selten fließen bei einem Unternehmenszusammenschluss in den Goodwill sehr hohe Summen ein. Liefert der Werthaltigkeitstest die Totalabschreibung einer Goodwill-Position, so kann dies den Konzern stark schwächen, wenn das Eigenkapital niedriger ist als der Goodwill.[224] Aus der Studie geht hervor, dass TUI und RWE Goodwill-Werte in einer Höhe ausweisen, die im Verhältnis zum Eigenkapital zu einer Gefahr werden können. Die prozentuale Quote von Goodwill-Restbuchwert zu Eigenkapital beträgt bei RWE 221,2% und bei TUI 153,4%. Der Goodwill übersteigt das Eigenkapital erheblich. BMW hingegen weist überhaupt keinen Goodwill aus und wird durch diese Position nicht belastet.[225]

Nach diesen Erläuterungen ist festzustellen, dass der Goodwill eine instabile Größe ist, die starken Einfluss auf die Bilanzen der Unternehmen hat und die Vergleichbarkeit schmälert. Sie ist schwer einzuschätzen und hohe Abschreibungen können folgenschwer sein.

4.1.5 Beispielfälle aus der Praxis

4.1.5.1 Goodwill-Abschreibung bei der Charles Vögele Gruppe

Der Effekt einer außerplanmäßigen Abschreibung des Goodwills lässt sich gut am Beispiel der im Modeeinzelhandel tätigen Charles Vögele Gruppe mit Sitz in der Schweiz nachvollziehen. Der Konzern bilanziert nach IFRS.

Der Verwaltungsrat und die Konzernleitung haben im Februar 2007 beschlossen, den Goodwill der Vertriebsorganisation Niederlande in Höhe von 74 Mio. CHF vollständig abzuschreiben. Der

---

[224] Vgl. Schürmann, C. (2004): S.112.
[225] Vgl. Schürmann, C. (2004): S.110.

Goodwill stammte aus der Übernahme der niederländischen Kien-Gruppe durch die Charles Vögele (Netherlands) B.V. im Jahr 2001.[226]

Seit der Erstkonsolidierung ist der Werthaltigkeitstest laut Aussage des Geschäftsberichts 2007 vorschriftsmäßig durchgeführt worden. Dabei ist der erzielbare Betrag der ZGE (der Vertriebsorganisation) nach Maßgabe des Nutzungswertes berechnet worden.[227] Der Konzern hatte bereits 2002 für die niederländische Vertriebsorganisation das Ziel definiert, zum Ende des Geschäftsjahres 2006 die Gewinnschwelle auf der Stufe des EBITDA zu erreichen. Dies gelang trotz starker Bemühungen nicht und die Erwartungen wurden der aktuellen Situation angepasst. Der Werthaltigkeitstest hat bestätigt, dass die Werthaltigkeit des Goodwills nicht mehr gegeben ist.[228] Der erzielbare Betrag der ZGE liegt erheblich unterhalb des Buchwertes. Somit ist die außerplanmäßige Abschreibung auf den erzielbaren Betrag die geforderte Konsequenz.

Nach Berücksichtigung der Goodwill-Abschreibung von 74 Mio. CHF weist der Konzern einen Konzernverlust von rund 20 Mio. CHF aus.[229] Ohne die Maßnahme der Bilanzbereinigung hätte die Gruppe weiterhin einen Gewinn ausgewiesen. Eine Fortführung des Goodwills als Vermögenswert hätte für die Stakeholder jedoch ein verzerrtes Bild der Konzernlage bedeutet. Die enorme Last einer außerplanmäßigen Abschreibung wird allerdings deutlich. Dass der Konzern über das Abrutschen in die Verlustzone besorgt ist, zeigt die nachdrückliche Versicherung über die ansonsten solide Finanzlage des Konzerns. „Diese einmalige Abschreibung hat keine Auswirkung auf die nachhaltige Ertragskraft und die künftige Unternehmensentwicklung. Nach der Abschreibung wird die Charles Vögele Gruppe über eine nach wie vor solide Eigenkapitalquote von 55% verfügen."[230]

4.1.5.2 Empirische Studie zur Anwendung von IFRS 3

Wie in der Einführung erläutert, hat die Öffentlichkeit regen Anteil an der Entwick-lung der neuen IFRS zur Bilanzierung von Unternehmenszusammenschlüssen im Rahmen des Business Com-

---

[226] Vgl. Charles Vögele Gruppe (2007). Online im Internet.
[227] Vgl. Charles Vögele Gruppe (2008). Online im Internet.
[228] Vgl. Charles Vögele Gruppe (2008). Online im Internet.
[229] Vgl. Charles Vögele Gruppe (2007). Online im Internet.
[230] Vgl. Charles Vögele Gruppe (2007). Online im Internet.

binations Projekts genommen. Vor allem die neue Behandlung des Goodwills wurde kontrovers diskutiert. Um einen Einblick zu erhalten, wie die neuen Standards in der Unternehmenspraxis umgesetzt werden, ist von Prof. Dr. Bernhard Pellens und der Wirtschaftsprüfungsgesellschaft Deloitte eine empirische Studie zur Anwendung von IFRS 3 in der Praxis im Jahr 2005 durchgeführt worden. Es wurden 320 Unternehmen, die im Prime Standard an der Frankfurter Börse zum 20.9.2004 notiert waren, schriftlich befragt. Davon haben 65 Unternehmen an der Befragung teilgenommen. Darunter sind 45 IFRS-Anwender und 20 US-GAAP-Bilanzierer.[231] Im Fokus steht hier die Beurteilung der IFRS-Anwender.

Erster untersuchter Aspekt ist der Zeitpunkt der Erstanwendung der Regelungen. Die erste Version des IFRS 3 war zum 31.3.2004 anzuwenden. Eine retrospektive Anwendung bereits zum 1.1.2004 war ebenfalls zulässig und wurde auch empfohlen. Knapp die Hälfte der Unternehmen befolgte die geänderten Regeln rückwirkend zum 1.1.2004. Die Motivation lag zum einen in der besseren internationalen Vergleichbarkeit mit nach US-GAAP bilanzierenden Wettbewerbern. Zum anderen führte der Wegfall der planmäßigen Abschreibung zu einem Ergebnissprung, der somit vorgezogen werden konnte.[232]

In Abschnitt 4.1.3 dieser Untersuchung ist die Verteilung des Goodwills auf ZGE beschrieben. In diesem Zusammenhang weist die Studie auf große Ermessensspielräume bei der Einteilung der ZGE sowie bei der Zuweisung eines Anteiles am Goodwill hin. Subjektivität des Managements dominiert eindeutig objektive Regeln, die zur genauen Vorgehensweise keine Angaben macht. Etwas mehr als die Hälfte der Unternehmen wählen als ZGE die vorhandene Abgrenzung nach Segmenten, gefolgt von Produktlinien/-gruppen und Regionen als Einteilungshilfe. Zur Orientierung nutzen auch mehr als die Hälfte der Unternehmen die Rechtseinheiten des Konzerns.[233] Bei der Ebene der Bildung der ZGE gibt sich ein gemischtes Bild. Es werden sowohl die Obergrenze der Segmentebene wie auch die Ebenen darunter angesprochen. Die Anzahl der ZGE in einem Konzern, denen ein Goodwill zugewiesen wurde,

[231] Vgl. Deloitte / Pellens, B. (2005): S.3.
[232] Vgl. Deloitte / Pellens, B. (2005): S.4.
[233] Vgl. Deloitte / Pellens, B. (2005): S.4.

liegt bei einem Großteil der Befragten bei bis zu fünf Einheiten.[234] Letztlich ist unklar, inwieweit die Unternehmen eine Überwachung des Goodwills auf Ebene der ZGE leisten. Dies ist allein aus Sicht des Akquisitionscontrollings sinnvoll, um die Umsetzung des erwarteten Nutzens eines Zusammenschlusses nach Werttreibern einschätzen zu können. Eine Überwachung ist oft nicht gegeben, wenn die Vorteile aus dem Zusammenschluss nicht explizit ermittelt und entsprechend dem Nutzen für eine ZGE verteilt werden können.[235]

Im Zuge des Werthaltigkeitstests werden alle ZGE in der Praxis zum gleichen Stichtag getestet und nicht, wie es auch möglich ist, zu unterschiedlichen Terminen. In der Mehrheit der Fälle wird der Bilanzstichtag gewählt. Als Anzeichen, einen Werthaltigkeitstest in besonderen Fällen vorzuziehen, sehen die Befragten hauptsächlich die Unterschreitung des Leistungsvermögens. Dies ist auch im vorherigen Abschnitt bei Charles Vögele zu erkennen. Darüber hinaus gelten Änderungen der betrieblichen Aktivitäten und Änderungen im Umfeld des Unternehmens als Indikatoren. Die Studie fand heraus, dass nur etwa ein Fünftel der Befragten diese Indikatoren regelmäßig überprüfen.[236] Die Konzeption des Werthaltigkeitstests ermöglicht den Unternehmen bei der Bewertung des erzielbaren Betrages entweder über den Nettoveräußerungswert oder den Nutzungswert abermals eine erhebliche Beeinflussung des Ergebnisses. Allgemein ist der Nettoveräußerungswert nicht genau zu bestimmen, da geeignete Werte nicht verfügbar sind. Daher beschränkt sich knapp die Hälfte der Befragten auf die Ermittlung des Nutzungswerts.[237]

Bei der abschließenden Beurteilung der neuen Regelungen zur Folgebewertung des Goodwills stuften die Befragten der Studie die entstanden Ermessensspielräume als relativ hoch und den Zusatznutzen durch verbesserte Informationen als relativ gering ein. Die entstehenden Mehrkosten wurden neutral beurteilt.[238]

---

[234] Vgl. Deloitte / Pellens, B. (2005): S.5.
[235] Vgl. Deloitte / Pellens, B. (2005): S.6.
[236] Vgl. Deloitte / Pellens, B. (2005): S.6f.
[237] Vgl. Deloitte / Pellens, B. (2005): S.8.
[238] Vgl. Deloitte / Pellens, B. (2005): S.12.

4.2 Negativer Unterschiedsbetrag

4.2.1 Entstehungsgründe und Pflicht zur Überprüfung

Im Zuge der Entstehung des Goodwills als positiver Unterschiedsbetrag bei der Kapitalkonsolidierung kann es in einigen Fällen zu einem negativen Unterschiedsbetrag kommen. Wie in 3.2.4 dargestellt, ergibt sich dieser als Residualgröße, wenn der Beteiligungsbuchwert des Mutterunternehmens niedriger ist als der Wert des neu bewerteten Nettovermögens des Tochterunternehmens.[239] Das IASB hat diesen Überschuss in der Überschrift des IFRS 3.56[240] als "excess of acquirer's interest in the net fair value of acquiree's identifiable assets, liabilities and contingent liabilities over cost" bezeichnet. Gemeint ist damit der Überschuss des Anteils des Erwerbers an der Summe der beizulegenden Zeitwerte der identifizierbaren Vermögenswerte, Schulden und Eventualschulden des Erworbenen über die Anschaffungskosten des Zusammenschlusses.[241]

Unter der Voraussetzung, dass die ermittelten Werte, die zum negativen Unterschiedsbetrag führen, korrekt berechnet wurden, handelt es sich nach IFRS 3.34 um einen günstigen Kauf. Dieser wird auch bargain purchase oder lucky buy genannt.[242] Dieser Erfolg des Erwerbers kann entweder auf einer guten Verhandlungsposition oder besonderem Verhandlungsgeschick beruhen.[243]

Es kommt allerdings nur selten vor, dass ein negativer Goodwill bei korrekter Bewertung und Durchführung des Unternehmenszusammenschlusses entsteht.[244] In erster Linie sind nach Meinung des IASB Bewertungsfehler eine Erklärung für die Entstehung des Unterschiedsbetrages.[245] Dieser darf nach den Regeln der IFRS jedoch nicht auf Ansatz- und Bewertungsfehlern beruhen.[246] Deshalb sind die Berechnungen erneut zu überprüfen. Dieser Vorgang wird auch reassessment genannt. Es ist festzustellen, ob die Anschaffungskosten der Beteiligung korrekt bewertet wurden und ob es zu

---

[239] Vgl. Pellens, B. u. a. (2008): S.686.
[240] Die Definition ist IFRS 3 in der Version des Jahres 2004 entnommen.
[241] Vgl. Qin, S. (2005): S.5.
[242] Vgl. Pellens, B. u. a. (2008): S.695.
[243] Vgl. Küting, K. u. Weber, C.-P. (2008): S.332.
[244] Vgl. Qin, S. (2005): S.42.
[245] Vgl. Küting, K. u. Weber, C.-P. (2008): S.334.
[246] Vgl. Qin, S. (2005): S.58.

Ansatzfehlern bei Vermögenswerten, Schulden und Eventualschulden gekommen ist. Darüber hinaus kann das Nettovermögen des Tochterunternehmens überhöht ausgewiesen sein, indem stille Lasten zu gering oder stille Reserven zu großzügig angesetzt wurden. Hinzu kommen Ungenauigkeiten bei der Ermittlung und Handhabung der beizulegenden Zeitwerte der einzelnen Vermögenswerte und Schulden.[247] Als Ergebnis des reassessment kann sich der ursprüngliche Negativer Unterschiedsbetrag mindern, erhöhen oder unverändert bleiben. Der letztlich verbleibende Wert ist erfolgswirksam zu erfassen.[248] Die full goodwill method sieht keine wesentlichen Unterschiede im Vergleich zur Neubewertungsmethode vor.[249]

4.2.2 Kritikansätze zur Behandlung des negativen Goodwills

Pellens kritisiert die Pflicht zur erneuten Überprüfung der Entstehungsvoraussetzungen des Negativer Unterschiedsbetrags. Ist die ursprüngliche Wertermittlung bisher korrekt vorgenommen worden, so ist anzunehmen, dass sich bei der erneuten Überprüfung kein abweichendes Ergebnis ergeben wird. Dies scheint vor allem deshalb so, da IFRS 3 keine genauen Angaben enthält, wie das reassessment vorzunehmen ist und inwieweit es zur Aufdeckung der Fehler beiträgt.[250] Fehler entstehen nur, wenn bei erstmaliger Ermittlung die Vorschriften zur Neubewertung nicht korrekt umgesetzt wurden. Die Forderung eines reassessments des IASB hat somit den Anschein, als unterstelle es eine falsche Anwendung der Standards.[251]

Der Kritik kann entgegnet werden, dass die Forderung des I-ASB zur erneuten Überprüfung eher als Ermahnung zu werten ist.[252] Es soll in den Unternehmen erst gar nicht zu Bilanzierungsungenauigkeiten kommen. Verschiedene Umstände können allerdings Bewertungsfehler provozieren. Bei der Erstellung der Eröffnungsbilanzen kann sich Zeitdruck einstellen. Im Falle von Zeitknappheit kann eine vertiefte Analyse für hinreichende Sicherheit bei Bilanzie-

---

247 Vgl. Pellens, B. u. a. (2008): S.694f.
248 Vgl. Qin, S. (2005): S.56.
249 Vgl. Küting, K. u. Weber, C.-P. (2008): S.335.
250 Vgl. Qin, S. (2005): S.42.
251 Vgl. Pellens, B. u. a. (2008): S.716.
252 Vgl. Qin, S. (2005): S.58f.

rungsentscheidungen möglicherweise nicht durchgeführt werden. Deshalb können sich Ungenauigkeiten ergeben, die eine erneute Überarbeitung sinnvoll erscheinen lassen.[253] Des Weiteren kann ein reassessment entscheidende interne Informationen des erworbenen Unternehmens, die erst nach dem Erwerbszeitpunkt bereitgestellt wurden, für eine objektive Beurteilung verwenden.[254] Dies gilt nur für Informationen über Ereignisse, die vor dem Erwerbszeitpunkt eingetreten sind.[255] Generell findet das reassessment auf einer besseren Informationsbasis statt als die ursprüngliche Beurteilung.[256]

Nach Meinung des IASB ist ein weiterhin verbleibender Unterschiedsbetrag auf einen günstigen Kauf oder nicht aufgedeckte Bewertungsfehler bei der erneuten Überprüfung zurückzuführen. Dazu „stellt sich die Frage, wie die Bewertungsfehler, die im Zuge des Reassessment zu beseitigen sind, von solchen abgrenzen [sic] sind, die nach dem Reassessment noch verbleiben…"[257]. Eine Erklärung liegt in der Ermittlung des beizulegenden Zeitwertes der Anschaffungskosten oder der Vermögenswerte und Schulden. Trotz korrekter Befolgung aller Prinzipien, die bei der Ermittlung des beizulegenden Zeitwertes zu beachten sind, kann letztlich in der Praxis kein Wert bestimmt werden, der zu 100% dem theoretisch richtigen Wert auf einem vollkommenen und vollständigen Markt entspricht. Dennoch wird er als richtig anerkannt, wenn den Maßgaben der verschiedenen Bewertungsverfahren entsprochen wurde.[258] Diese verbliebenen Bewertungsfehler liegen sozusagen in der Natur der Sache und führen zur endgültigen Existenz des negativen Unterschiedsbetrages.[259]

Der passive Unterschiedsbetrag ist dann als Ertrag in der Konzern-GuV zu vereinnahmen. Diese Handhabung stößt auf Unverständnis.[260] Dazu ist festzustellen, dass eine Anschaffung nach dem Anschaffungskostenprinzip grundsätzlich als erfolgsneutrale Transaktion gilt und ein Unternehmenszusammenschluss unter Anwendung der Erwerbsmethode eindeutig ein Anschaffungsvorgang ist.

---

253 Vgl. Qin, S. (2005): S.59.
254 Vgl. Qin, S. (2005): S.59ff.
255 Vgl. Qin, S. (2005): S.61.
256 Vgl. Qin, S. (2005): S.62.
257 Qin, S. (2005): S.43.
258 Vgl. Qin, S. (2005): S.100f.
259 Vgl. Qin, S. (2005): S.102.
260 Vgl. Coenenberg, A. G. (2005): S.659.

Wenn in diesem Fall eine erfolgswirksame Erfassung vorgesehen ist, durchbricht dies den Grundsatz.[261] Das IASB hält diese Handhabung für zulässig, wenn der Unterschiedsbetrag aus einem günstigen Kauf resultiert. Da schwer zu trennen ist, ob dieser aus Gründen einer guten Verhandlungsposition oder zusätzlich aus verbliebenen Bewertungsfehlern entstanden ist, gilt die erfolgswirksame Verbuchung grundsätzlich für den gesamten Betrag.[262]

In diesem Zusammenhang ist zu berücksichtigen, dass der negative Goodwill als Stellschraube für bilanzpolitische Manöver benutzt werden kann.[263] Ansatzpunkt sind die bei einem reassessment zu eliminierenden Bewertungsfehler. Der Erwerber hat ein hohes Maß an Entscheidungsfreiheit bei der Identifizierung und Beseitigung von Fehlern, vor allem, weil subjektive Ansichten bei der Ermittlung des beizulegenden Zeitwertes eine Rolle spielen.[264] Hinzu kommt, dass der erneute Überprüfungsprozess nach IFRS 3 keiner Kontrolle unterliegt und auch keine Berichtspflicht dazu besteht.[265] Für Dritte ist das reassessment somit nicht nachvollziehbar. Der Wertansatz hat sofortige Erfolgsauswirkungen und kann gewünschte Effekte im Jahresabschluss bewirken.[266]

4.2.3 Ursachen eines günstigen Kaufs

Neben den bislang behandelten Gründen für die Entstehung eines negativen Unterschiedsbetrages, vor allem in Gestalt eines günstigen Kaufs, erscheint eine weitere Sichtweise erwähnenswert. Dazu versetzt man sich in die Lage eines Managers eines komplexen Konzerns. Aus mehreren Gründen kann dieser sich genötigt sehen, ein Tochterunternehmen zu verkaufen und zwar möglichst schnell und zu einem niedrigeren Wert als dem Substanzwert des Unternehmens zu Zeitwerten.[267] IFRS 3.35 bestimmt dazu, dass „a bargain purchase might happen, for example, in a business combination that is a forced sale in which the seller is acting under compulsion".

---

261 Vgl. Qin, S. (2005): S.42.
262 Vgl. Qin, S. (2005): S.123.
263 Vgl. Coenenberg, A. G. (2005): S.659.
264 Vgl. Qin, S. (2005): S.164f.
265 Vgl. Qin, S. (2005): S.168f.
266 Vgl. Qin, S. (2005): S.128.
267 Vgl. Katzensteiner, T. u. Schürmann, C. (2008). Online im Internet.

Zum einen mag die Tochtergesellschaft nicht mehr ins Portfolio des Konzerns passen. Oder der Konzern will sich nur noch auf sein Kerngeschäft konzentrieren und somit Tochterunternehmen abstoßen, ungeachtet ihrer Potenziale und zu jedem Preis. Außerdem ist es denkbar, dass das Tochterunternehmen unrentabel arbeitet und Investitionen notwendig wären, um Gewinne zu erzielen. Dazu fehlen dem Konzern möglicherweise die Finanzmittel und das Knowhow. Möglich ist auch, dass der Manager durch fehlende Fachkenntnis die Zukunftsaussichten eines Unternehmenszweigs vollkommen falsch einschätzt. Zum anderen kann der Manager in der Situation sein, dass er dringend die Ertragslage des Konzerns verbessern muss.[268]

In diesen Fällen kommt es zu einem zügigen Verkauf dieser Tochtergesellschaft und das oftmals unter Wert. Dies kann noch verstärkt werden, wenn der Manager nicht über das nötige Knowhow, die Erfahrung, die Zeit und die Hintergrundinformationen verfügt, um den Kaufpreis richtig einzuschätzen.[269] Zudem gilt ein bewusst gewählter niedrigerer Kaufpreis als Lockmittel, um das Unternehmen noch schneller zu veräußern. Von diesen Beweggründen profitieren die Erwerber, oft in Gestalt von Private Equity Gesellschaften, die den günstigen Kauf für sich verbuchen.[270]

Beispielhaft kann die RWE genannt werden, die 73,6% der Anteile an dem amerikanischen Unternehmen Consol Energy besaß. Der damalige RWE-Chef Harry Roels veräußerte die Beteiligung in 2003 und 2004 vollständig. Der Verkauf bescherte dem Konzern etwa eine Milliarde Euro, die sich vorteilhaft in der Bilanz niederschlug. In diesem Zeitpunkt hätten den 73,6% acht Milliarden Euro entsprochen.[271] Ein schneller Ertragswunsch ist bei diesem Beispiel teuer geworden.

---

[268] Vgl. Katzensteiner, T. u. Schürmann, C. (2008). Online im Internet.
[269] Vgl. Katzensteiner, T. u. Schürmann, C. (2008). Online im Internet.
[270] Vgl. Katzensteiner, T. u. Schürmann, C. (2008). Online im Internet.
[271] Vgl. Katzensteiner, T. u. Schürmann, C. (2008). Online im Internet.

5. Schlussbetrachtung

Die Überarbeitung von IFRS 3 und IAS 27 im Zuge des Business Combinations Projekts von IASB und FASB hat die Konvergenz der Rechnungslegungssysteme von IFRS und US-GAAP maßgeblich vorangetrieben. Das Ziel der Vereinheitlichung wurde bei der Bilanzierung von Unternehmenszusammenschlüssen durch die Einführung eines Wahlrechtes zwischen der bisherigen Neubewertungsmethode und der neuen full goodwill method bei Vorhandensein von Minderheiten jedoch nicht erreicht. Eine Vergleichbarkeit der Abschlüsse ist auf Grund des unterschiedlichen Ansatzes des Goodwills bei Minderheitsgesellschaftern nicht gegeben, da US-GAAP nur die full goodwill method zulässt. Die Neubewertungsmethode sieht einen Goodwill nur für Mehrheitsgesellschafter vor, während die full goodwill method den Minderheiten ebenfalls einen Anteil am Gesamt-Goodwill zuteilt. Diese Zuweisung erhöht den Ausgleichsposten für Minderheitsgesellschafter im Eigenkapital und die Bilanzsumme. Die Vorschriften zur Folgebewertung nach der full goodwill method sind umfangreich. Der Werthaltigkeitstest kann zu erhöhten Abschreibungssummen führen, da der Anteil der Minderheiten bei Wertminderung ebenfalls abzuschreiben ist, und so die Ertragslage stärker beeinflussen.

Während die Technik der Konsolidierung über die Korrektur der Summenbilanz bei Erst-, Folge- und Endkonsolidierung unverändert beibehalten wird, sind zahlreiche Änderungen bei der Bilanzierung von Unternehmenszusammenschlüssen vorgenommen worden, die zum Teil erheblich kritisiert wurden. Dazu zählt in erster Linie der aus der Kapitalkonsolidierung resultierende Unterschiedsbetrag.

Der Goodwill ist als Aktivposten in der Konzernbilanz zu aktivieren und ab sofort nur außerplanmäßig abzuschreiben, wenn der Werthaltigkeitstest eine Wertminderung des Goodwills anzeigt. Diese neue Regelung ersetzt die planmäßige Abschreibung. Um zu verhindern, dass der Goodwill als Auffangbecken solche immateriellen Vermögenswerte beinhaltet, die einer Abnutzung unterliegen und durch die neue Regelung nicht mehr planmäßig abgeschrieben werden, ist der Ansatz immaterieller Vermögenswerte überarbeitet worden. Das IASB verlangt eine größtmögliche Trennung absetzbarer immaterieller Vermögenswerte vom Goodwill.

Das Konzept des jährlichen Werthaltigkeitstestes belastet die Unternehmen. Die notwendige Aufteilung des Goodwills auf zalungsmittelgenerierende Einheiten und die Bestimmung des erzielbaren Betrages sind umfangreiche Prozesse mit hohem Unsicherheitspotenzial. Der Test selbst ist nicht vollkommen zuverlässig, da er den derivativen Teil des Goodwills nicht vom späteren originären unterscheiden kann und möglicherweise durch einen wachsenden originären Goodwill keine Wertminderung anzeigt.

Die Umstellung von planmäßiger auf außerplanmäßige Abschreibung beeinflusst die Gewinnausweise der Unternehmen oft positiv, da die zuvor regelmäßige Belastung entfällt. Dadurch ist es möglich, dass die Bilanzleser, die diese Hintergründe nicht kennen, fälschlicherweise von Leistungssteigerungen der Unternehmen ausgehen. Im umgekehrten Fall kann eine Belastung durch eine hohe außerplanmäßige Abschreibung den Unternehmen erheblichen Schaden zufügen.

Der Negativer Unterschiedsbetrag ist als Ertrag aus dem Unternehmenszusammenschluss zu verbuchen, wenn er einer erneuten Überprüfung der Ansatz- und Bewertungsregeln standhält. Auch in diesem Fall kommt auf die Unternehmen ein hoher Arbeitsaufwand zu. Die Vorschriften zur Überprüfung und zur Handhabung des Negativer Unterschiedsbetrags werden weiter diskutiert, da sie zum Teil unschlüssig sind und Spielräume für Bilanzpolitik zulassen.

Des Weiteren ist der Ansatz von Eventualschulden des Tochterunternehmens ein unausgereiftes Prinzip. Nach dem aktuellen IFRS 3 ist ein Ansatz in der Konzernbilanz zulässig, um den Kaufpreis mindernden Effekt der Eventualschulden zu berücksichtigen und so einen aus der Kapitalkonsolidierung entstehenden Negativer Unterschiedsbetrag möglichst gering zu halten. IAS 37 bestimmt für Eventualschulden im Einzelabschluss im Gegensatz dazu ein Ansatzverbot.

Am Schluss dieser Betrachtungen ist festzustellen, dass große, für die Konvergenz der Systeme notwendige Umbrüche in der Bilanzierung von Unternehmenszusammenschlüssen nach der Erwerbsmethode stattgefunden haben und dass sich dieser Prozess noch fortsetzen wird. Die reformierte Theorie der Konzernrechnungslegung ist ausgearbeitet und in den Standards eindeutig festgelegt worden. Momentan verursachen die neuen Standards noch erheblichen Mehraufwand bei den Unternehmen. Die zum Teil noch nicht völlig ausgereiften Konzepte erlauben ein zu hohes Maß an Ermessenspielräumen, die bilanzpolitisch ausgenutzt werden können.

Literaturverzeichnis

Buchholz, R. (2005):   Internationale Rechnungslegung. Die Vorschriften nach IFRS und HGB im Vergleich – mit Aufgaben und Lösungen. 5. vollständig überarb. und ergänzte Auflage. Berlin. Erich Schmidt Verlag

Charles Vögele Gruppe (2007): Charles Vögele Gruppe bereinigt Bilanz: Goodwill Niederlande wird abgeschrieben – unveränderte Ausschüttungspolitik. In: http://www.charles-voegele.com/corp/de/media-lounge/-medienmitteilungen/adhoc-news/goodwill-niederlande (Download 27.5.08)

Charles Vögele Gruppe (2008): Geschäftsbericht 2007. In: http://www.charles-voegele.com/corp/de/investor-relations/geschaeftsberichte/geschaeftsbericht-2007/downloads.html (Download 27.5.08)

Coenenberg, A. G. (2005): Jahresabschluss und Jahresabschlussanalyse. Betriebswirtschaftliche, handelsrechtliche, steuerrechtliche und internationale Grundsätze – HGB, IFRS und US-GAAP. 20., überarb. Auflage. Stuttgart. Schäffer-Poeschel Verlag

Deloitte/Pellens, B. (2005): Goodwill bilanzieren und steuern. Anwendung der neuen IFRS-Regeln in der Praxis. In: http://www.deloitte.com/dtt/cda/doc/content/DE_C_CFO_Goodwill_IFRS_311005.pdf (Download 28.5.08)

Edeka-Gruppe (2007): EDEKA - Die Geschichte einer Marke. In: http://www.edeka.de/EDEKA/Content/DE/AboutUs/Unternehmen/Geschichte/Geschichte_2007.jsp (Download 14.5.08)

Fladt, G. (2008): Die neuen Standards zu Unternehmenserwerben – was lange währt, wird endlich gut?. In: WPg. Die Wirtschaftsprüfung. 61.Jg. Heft 3. S.1.

Gräfer, H. u. Scheld, G. (2007):	Grundzüge der Konzernrechnungslegung. 10., neu bearbeitete und erweiterte Auflage. Berlin. Erich Schmidt Verlag
Grünberger, D. (2008):	IFRS 2008. Ein systematischer Praxis-Leitfaden. Stand. 1.11.2007. 6., überarbeitete Auflage. Verlag Neue Wirtschafts-Briefe.
Heuser, P. J. u. Theile, C. (2005):	IAS/IFRS Handbuch. Einzel- und Konzernabschluss. 2., neu bearbeitete Auflage. Köln. Verlag Dr. Otto Schmidt
Institut der Wirtschaftsprüfer in Deutschland e.V. [Hrsg.] (2008):	Aktuelles Stichwort. IASB: Überarbeitung von IFRS 3 und IAS 27. In: WPg. Die Wirtschaftsprüfung. 61.Jg. Heft 3. S.89.
International Accounting Standards Board [Hrsg.] (2008):	Press Release. IASB completes the second phase of the business combinations project. In: www.iasb.org/NR/rdonlyres/3C34A8 58-C6EF-4D04-87BD-70CF2E925A24/0/PR_BusinessCombin ations.pdf (Download 7.5.08).
Katzensteiner, T. u. Schürmann, C. (2008):	Billige Mahlzeit. Manager verschleudern Aktienvermögen bei Verkauf von Töchtern. In: http://www.wiwo.de/finanzen/mana ger-verschleudern-aktienvermoegen-bei-verkauf-von-toechtern-292997/ (Download 28.5.08)
Küting, K. u.a. (2008):	Die Goodwillbilanzierung im finalisierten BC Project Phase II. In: KoR.IFRS. 8. Jg. Heft 3. S. 139-152.

Küting, K. u. Weber, C.-P. (2008):   Der Konzernabschluss. Praxis der Konzernrechnungs-legung nach HGB und IFRS. 11., überarbeitete Auflage. Stuttgart. Schäffer-Poeschel Verlag

Lüdenbach, N. (2005):   IFRS. Der Ratgeber zur erfolgreichen Umstellung von HGB auf IFRS. 4. Auflage. Freiburg. Haufe Verlag.

Manager-Magazin (2005a):   Edeka übernimmt Spar und Netto. In: http://www.manager-magazin.de/unternehmen/artikel/0,2828,353763,00.html (Download 14.5.2008)

Manager-Magazin (2005b):   Edeka lässt Spar verschwinden. In: http://www.manager-magazin.de/unternehmen/artikel/0,2828,392346,00.html (Download 14.5.08)

O.V. (2008):   International Financial Reporting Standards (IFRS) 2008. Deutsch-Englische Textausgabe der von der EU gebilligten Standards. 2. Auflage. Weinheim. Wiley

Pellens, B. u. a. (2008):   Internationale Rechnungslegung. IFRS 1 bis 8, IAS 1 bis 41, IFRIC-Interpretationen, Standardentwürfe. 7., überarbeitete und erweiterte Auflage. Stuttgart. Schäffer-Poeschel Verlag

Qin, S. (2005):   Bilanzierung des Excess nach IFRS 3. In: Baetge, J. u. Kirsch, H.-J. [Hrsg.]: Schriften zum Revisionswesen. Düsseldorf. IDW Verlag.

RöverBrönner KG (2008):   International Financial Reporting Standards/ International Accounting Standards. In: http://www.ifrs-portal.com-/Texte_deutsch/Standards/Standards.html (Download über Bearbeitungszeitraum)

Schürmann, C. (2004):   Nicht ewig warten. In: WirtschaftsWoche. Heft 46. S.108-114.

Schuster, J. (2008):   Supermarkt-Ehe in Gefahr. In: http://www.focus.de/finanzen/news/edeka-plus-supermarkt-ehe-in-gefahr_aid_268761.html   (Download 12.5.08)

Schwedler, K. (2008):   Business Combinations Phase II: Die neuen Vorschriften zur Bilanzierung von Unternehmenszusammenschlüssen. In: KoR.IFRS. 8. Jg. Heft 3. S. 125-138.

Seidel, H. (2007):   Edeka schnappt Rewe 3000 Plus-Filialen weg. In: http://www.welt.de/wirtschaft/article1369454/Edeka_uebernimmt_die_-Supermaerkte_von_Plus.html (Download 12.5.08)

Weber, S. (2007):   Edeka kauft Plus. Neuer Aldi-Rivale entsteht. In: http://www.sueddeutsche.de/wirtschaft/artikel/573/143255/ (Download 12.5.08)